Die Gründe für den Abriß von Gebäuden sind älter als die Moderne – der berühmteste Abriß traf den zentralen Bau der Christenheit, St. Peter in Rom.

Bis ins sechzehnte Jahrhundert stand an der vertrauten Stelle seit Konstantins Zeiten eine große Basilika, die dann Stück für Stück abgerissen und durch einen gewaltigen Dom ersetzt wurde, an dessen Bau alle Großen der Zeit beteiligt waren, von Bramante, Raffael und Sangallo bis Michelangelo, Maderno und Bernini.

Über ein Jahrhundert lang war die riesige Baustelle nicht nur ein kostenträchtiges Ungeheuer, dessen (als Ablaß getarnter) Geldhunger unter anderem zur Reformation führte (und zurück zur Gegenreformation), sondern auch ein künstlerisches Experimentierfeld erster Ordnung.

Horst Bredekamp erzählt, wie es dazu kam und mit welchen Folgen: Ein minutiöser, die neuesten Forschungen umgreifender Bericht über die Errichtung der Mutter aller Kirchen, die sich auch als Stiefmutter gab.

1 St. Peter in Rom, Blick auf die Attika und die Kuppel von Westen

Horst Bredekamp

Sankt Peter in Rom
und das Prinzip der produktiven Zerstörung

Bau und Abbau
von Bramante bis Bernini

Verlag Klaus Wagenbach   Berlin

Für meine Nichte Lisa

Inhalt

Vorwort: Grenzen einer Baugeschichte von St. Peter   9

I   *Elemente der Vorgeschichte (1450–1505)*
   1. Der freskierte Nepotismus   11
   2. Die beiden Gräber der Rovere-Päpste   14
   3. Das Projekt Nikolaus' V.   21
   4. Ortsbestimmung des Julius-Grabes   24

II   *Bramantes Angriff auf Alt-St. Peter (1505–1506)*
   1. Die taktische Niederlage   25
   2. Der strategische Erfolg   29
   3. Das Zusammenspiel mit Julius II.   36
   4. Die Niederlage Michelangelos   39

III   *Abriß, Neubau und Stillstand (1506–1546)*
   1. Die Selbstzerstörung des Neubaues   41
   2. Selbsterkenntnis und Außenkritik   48
   3. Schutzarchitektur und gezeichnetes *Utopia*   51
   4. Sangallos Holzfetisch   58

IV   *Michelangelos Strategien (1546–1564)*
   1. Die Ausschaltung des Sangallo-Modells   63
   2. Der fragile Souverän   66
   3. Das Alternativkonzept   73
   4. Die Normierung des Modells   78

V   *Michelangelos Bau und Abbau (1548–1593)*
   1. Bauen als präventive Verteidigung   81
   2. Postume Sicherungen   82
   3. Aufbau und Abbruch von Attika und Nebenkuppel   84
   4. Letzte Neubauabrisse und Vollendung der Kuppel   92

VI Die Aufhebung von Alt-St. Peter (1605–1939)
    1. Renaissance und Abbruch Alt-St. Peters   95
    2. Madernos Langhaus   104
    3. Rhetorik des Bewahrens   110
    4. Berninis Irrtum   113

Schluß: Modernität und Einsturz   121

Anmerkungen   125
Bibliographie   143
Register der historischen Personen   153

Sankt Peter in Rom

»Der hinwegthut ist ein Künstler:
der hinzuthut ein Verläumder.«
Nietzsche, *Nachgelassene Fragmente,*
1875–1879, KSA 8, 291

VORWORT

Grenzen einer Baugeschichte von St. Peter

In ihrer gravitätischen Ruhe erweckt Michelangelos Kuppel von St. Peter in Rom den Eindruck jener steinernen Ewigkeit, mit der die *Roma aeterna* insgesamt verbunden wird *(Abb. 1, Frontispiz)*. Im Mai 1590, sechzehn Jahre nach dem Tod Michelangelos fertiggestellt, wirkt sie wie das Symbol einer Epoche, die prädestiniert war, überzeitlich Gültiges aus dem Konsens aller Beteiligten zu gestalten. Aber dieser Eindruck täuscht. Wie die Peterskirche überhaupt, so war die Kuppel nicht das Ergebnis einer langfristig wirksamen Planung, die sich auf verbindliche künstlerische Maßstäbe berufen konnte, sondern das Produkt sich unnachgiebig bekämpfender Konkurrenzprojekte.

Allein schon das Konvolut der Entwurfsskizzen St. Peters weist aus, daß der Bau nicht den Konsequenzen einer kontinuierlich verfolgten Zielvorstellung entsprang, sondern den Fiebersprüngen divergierender Einfälle.[1] In der vorliegenden Arbeit geht es daher nicht um eine lineare Baugeschichte, sondern um die Rekonstruktion von Triebkräften, ohne deren Kenntnis nur die Rauchform, nicht aber der Glutkern der Vorgänge zu erfassen ist. Ihr erstaunlichster Zug liegt darin, daß Konstruktion und Zerstörung in einem unauflösbaren Bedingungsverhältnis verflochten waren. Das Grundkonzept wurde immer wieder umgestoßen, weil alle Vorgänge von einer Baupsychologie bestimmt waren, die Neues nicht denken konnte, ohne sich durch Abriß freie Hand zu schaffen.

In ihrem Pendelschlag von Abriß und Aufbau erweckt die Baugeschichte von St. Peter den Eindruck, daß sie für eine zielorientierte historische Forschung unzugänglich ist. Sie konnte schon von den Zeitgenossen nicht verstanden werden und bleibt im letzten Antrieb wohl auch nicht zu verstehen. Der vorliegende Text, der die Baugeschichte nicht als Addition von Bauleistungen, sondern als Negation von Zerstörungen begreift, die dem Vorgänger ebenso wie dem Neubau zugefügt wurden, versucht, dieses Nicht-Verstehbare nachzuvollziehen.

In den Text sind eine Reihe von Vorarbeiten eingeflossen, und seine Kernthese wurde als Festvortrag der Jahresversammlung der Berlin-Brandenburgischen Akademie der Wissenschaften des Jahres 1997 vorgetragen.[2] Als eine Art Initialzündung für die Umkehrung der Perspektive auf St. Peter haben zwei Artikel von Christof Thoenes gewirkt,[3] und in den Anmerkungen ist nicht angemessen ausgedrückt, wie sehr dieser Essay insgesamt auf Thoenes Anregungen und kritischen Hinweisen beruht. Ihm sei an erster Stelle gedankt. Herzlich zu danken ist auch den Korrekturen und Hinweisen von Tilman Buddensieg, Dorothee Haffner, Arne Karsten, Sabine Kühl, Arnold Nesselrath, Margarete Pratschke, Rudolf Preimesberger, Matthias Winner und Silvia Zörner sowie der Betreuung des Buches durch Birgit Thiel und Klaus Wagenbach.

I ELEMENTE DER VORGESCHICHTE (1450–1505)

1. Der freskierte Nepotismus

St. Peter in Rom, der größte und wohl auch einflußreichste Sakralbau der Christenheit, hat gleichermaßen Religions- wie Kunstgeschichte geschrieben. Die Gründe für seine Errichtung sind so komplex wie seine Wirkungen, aber im Geflecht seiner Anlässe zieht die Familienpolitik der Rovere eine besonders markante Linie. Sie hat mit dem Bau selbst zunächst nichts zu tun, führt über Umwege aber zu dem Neubauprojekt.

Den Ausgangspunkt bildet das für die Vatikanische Bibliothek zwischen 1475 und 1477 von Melozzo da Forlì gemalte Fresko Sixtus' IV. (1471–1484) *(Abb. 2)*. Es zeigt den thronenden Papst in einer reich kassettierten Pfeilerhalle, die auf antike Bibliotheksarchitektur anspielt.[4] Sixtus IV. ist von seinen Neffen und seinem knieenden Bibliothekar Bar-

2 Melozzo da Forlì, Sixtus IV. mit seinen Neffen und dem Bibliothekar Bartolomeo Platina, Fresko, 1475. Vatikanstadt, Pinacoteca Vaticana

tolomeo Platina umgeben, der mit ausgestrecktem Zeigefinger auf die Inschrift mit den Verdiensten des Papstes weist.

Der Raum ist durch zwei seitliche Pfeiler begrenzt, die den dynastischen Sinn der Szenerie ornamentieren. Papst Sixtus entstammt der Familie della Rovere, »von der Eiche«, deren Wappenzeichen Motive dieses Baumes nutzten. Auf der Stirnseite der Seitenpfeiler wachsen je zwei Eichenzweige empor, die sich nach oben vierfach überkreuzen und neben Blättern auch vergoldete Eicheln tragen. Unübersehbar ist die Rahmenarchitektur zum Wappenträger avanciert.

Melozzo hat meisterhaft verstanden, das komplizierte Gefüge zwischen dem Papst und den konkurrierenden Nepoten auf dieses heraldische Rahmenwerk zu beziehen. Mit dem Rücken vor einem der Pfeiler sitzend und streng auf das gegenüberliegende Pendant ausgerichtet, ist Sixtus IV. in dieses Zeichensystem verspannt. Ausgehend vom Knauf der Rückenlehne seines Stuhles, überwölbt eine ovale Kompositionslinie die Köpfe der Dargestellten. Sie sind durch diese familiäre Geometrie zwar verbunden, verbleiben aber in befremdlicher Vereinzelung, als wären sie Statisten eines *tableau vivant*. Ihre Blicke treffen sich nicht.

Damit dokumentiert Melozzos Bild der Papstfamilie auch die Zerwürfnisse, von denen sie belastet war. So ist die Figur des Kardinals Pietro Riario aufgrund des Protestes seiner Familienangehörigen neben dem Papst eingefügt worden, obwohl er bereits im Jahr zuvor gestorben war. Die Schwester von Sixtus, Bianca, hatte in die Familie des Riario eingeheiratet, und weil dessen Verwandte mitgeholfen hatten, den Thron zu erringen, forderten auch sie ihr Bildrecht. Leicht zurückgesetzt, bekräftigt Pietro die Ansprüche der Lebenden aus der Zeitzone des Vergangenen.

Besonders hervorgehoben aber ist der hoch aufragende, in prachtvollem Kardinalspurpur gekleidete Giuliano della Rovere, den Sixtus aus dem Nichts in den Kardinalsstand erhoben hatte. Als das Fresko gemalt wurde, handelte man Giuliano trotz seines jungen Alters von nur 32 Jahren bereits als Nachfolgekandidat seines Onkels. In seiner unverstellt aufleuchtenden Kardinalsrobe einen Gegenpol zum Papst bildend und vor der zentralen Säule plaziert, die hinter seinem Rücken wie die Verlängerung seines Rückgrates aufragt, war seine zukünftige Rolle vorformuliert. Seine Sonderstellung verdankte er der Hoffnung, daß mit ihm ein weiterer della Rovere auf dem Papstthron folgen würde.

Die Botschaft des Papstes an den Kardinal war zunächst nicht mehr als ein früher Ausweis des Nepotismus, jener »Vetternwirtschaft«, die alle Machtfragen in der Rechnung mit Bekannten zu lösen suchte.[5] Aus dem Abstand aber

3 Antonio Pollaiuolo, Grabmal Papst Sixtus' IV., Rom, St. Peter, Tesoro

war sie der Auftakt einer Kette von Ereignissen, an deren Ende St. Peter, die Stadt Rom und die Erscheinung des Katholizismus insgesamt verändert waren.

2. Die beiden Gräber der Rovere-Päpste

Als Sixtus IV. im August 1484 gestorben war, nutzte Giuliano della Rovere die Gelegenheit, die Versprechung des Freskos mit dem Gedächtnis an seinen Onkel zu verbinden. Er gab das Bronzegrabmal des Papstes bei dem Bildhauer Antonio Pollaiuolo in Auftrag *(Abb. 3 und 4)*.

Die zu Füssen der Liegefigur angebrachte Inschrift führt die Verdienste des Verstorbenen auf, um dann zu betonen, daß Sixtus IV. gewünscht habe, lediglich unter einer flachen Bodenplatte begraben zu sein. Giulianos Verehrung sei aber so groß gewesen, daß er sich damit nicht hätte begnügen können: »Als [Sixtus] Order gegeben hatte, bescheiden und auf dem Niveau des Bodens begraben zu werden, errichtete Kardinal Giuliano seinem Onkel seligen Angedenkens [das Grabmal] mit größerer Pietas als Kosten.«[6]

Indem Giuliano unter dem Schutz dieser Demutsformel zu erkennen gab, daß er sich über den letzten Willen des Verstorbenen hinweggesetzt hatte, zog er die Pracht des Sepulkrums ostentativ allein auf die eigene Person.

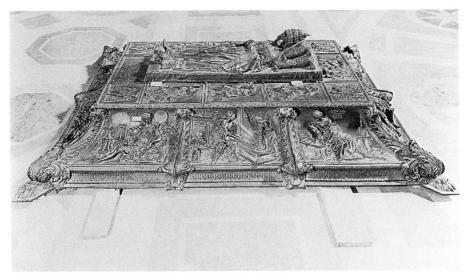

4   Antonio Pollaiuolo, Grabmal Papst Sixtus' IV., Rom, St. Peter, Tesoro

5 Detail von Abb. 4: Relief der Musik

Sie kam auch emblematisch zur Geltung. Neben der Inschrifttafel sind zwei Wappenreliefs der Rovere durch Kardinalshüte überkrönt, und über dem Kopf des Papstes antworten zwei Eckreliefs, auf denen zwei Tiaren von Eichenzweigen gehalten werden. Indem sie den Kardinalshüten korrespondieren, nutzen sie die Vergangenheit als Garantie der Zukunft. Der tote Papst verbindet die Felder des Passatum, die sein eigenes Leben vom Kardinal zum Papst nachzeichnen, mit den Reliefs der Zukunft, die den Weg seines Neffen auf den Thron von St. Peter verheißen.

Schließlich setzen die Attribute das Wechselspiel fort, sowohl Sixtus wie auch Giuliano repräsentieren zu können. Zum Novum dieses Bronzemonumentes gehört, daß der Verstorbene auf der Deckplatte von Verkörperungen sämtlicher geistlicher und weltlicher Tugenden und auf den ansteigenden Seiten des Grabmals von den Personifikationen der freien Künste begleitet wird. Die Musik, um nur ein einziges Beispiel anzuführen *(Abb. 5)*, spielt mit einer solchen Inbrunst auf dem Instrument, daß sie ihren rechten Ellenbogen, als würde ihre innere Energie die Flachheit des Reliefs nicht ertragen können, vollplastisch nach vorn schiebt, wie auch der rechte Fuß den Bildrahmen in den Außenraum überwindet. In dieser expansiven Lebendigkeit löst sich diese *ars* von der Bindung an Sixtus. Wäre sie ihm allein zugeordnet, müßte sie nach

6 Jacomo Rocchetti, Untergeschoß des Julius-Grabmals (Ausschnitt),
Kopie nach Michelangelo, Zeichnung. Berlin, Kupferstichkabinett, Nr. 15306.

7 Vorderseite des Julius-Grabmals von 1505 (Rekonstruktion von H. Bredekamp und O. Klodt, 1994).

der traditionellen Grabikonographie als »Pleurant« in Trauer verharren; insofern sie aber furios weiterspielt, vermittelt sie dem Andenken eine Perspektive über den Anlaß hinaus.

Die Versprechung erfüllte sich mit der Wahl Giuliano della Roveres zum Papst im November 1503, zehn Jahre nach Enthüllung des Sixtus-Grabes. Als ginge es um die Produktion eines zweiten Talismans, machte sich Giuliano als Julius II. (November 1503–Februar 1513) so schnell wie kein Papst vor ihm Gedanken über sein eigenes Grabmal. In Anknüpfung an das Sixtusgrab wählte er er-

8 Längsseite des Julius-Grabmals von 1505
 (Rekonstruktion von H. Bredekamp und O. Klodt, 1994).

neut den Typus des Freigrabes.[7] Die Ausführung übertrug er im Jahr 1505 Michelangelo, der in den Augen der Zeitgenossen mit dem Florentiner *David* eine neue Zeitrechnung in der Geschichte der Bildhauerei begründet hatte.

Der Verlust von Michelangelos Ausgangsplan hat die Kunstgeschichte um einen Schlüssel für die Grabkunst der Renaissance gebracht.[8] Einer Zeichnung Jacomo Rocchettis sind lediglich die Elemente für eine Rekonstruktion des Untergeschosses der Vorderfront zu entnehmen *(Abb. 6)*.

Julius II. träumte von Beginn an davon, nach seinen inneritalischen Feldzügen auch Konstantinopel und Jerusalem einzunehmen,[9] und diese Hoffnung

9 Michelangelo, Der sogenannte rebellische Gefangene. Paris, Louvre.

verkörpern die vierzehn in den Nischen der Schmal- und Längsseiten aufgestellten Siegesgöttinnen, die über ihre zu Boden geworfenen Widersacher triumphieren. Die Nischen sind durch insgesamt zwanzig Pilaster gerahmt, denen Gefangene vorgeblendet sind *(Abb. 7 und 8)*[10]. Der Schüler und Freund Michelangelos, Ascanio Condivi, hat erläutert, daß diese *prigioni* gefesselt waren, weil sie die Künste und Tugenden seien, die nie wieder »einen finden können, von dem sie so sehr gefördert und genährt sein würden«. Mit dem Tod des Papstes seien sie ebenfalls »Gefangene des Todes«[11]. Es ist eine Julius II. wohl angemessene Idee, daß er die Tugenden und Künste, die er am Grabmal Sixtus' IV. auch in Anspielung auf eigene Aussichten in großer Vitalität gezeigt hatte, mit seinem Ableben in die Fesseln des Todes schlagen läßt. Der Widerstand eines der beiden ausgeführten Gefangenen, dem der Riemen tief in Brust und Oberarm einschneidet *(Abb. 9)*, spricht von der Kraft, welche die Tugenden und Künste unter Julius II. erhalten hatten.

Umso tragischer erscheint ihr Tod. Bei dem sogenannten »sterbenden« Gefangenen des Louvre *(Abb. 10)* korrespondiert dem instabilen Standmotiv der Oberkörper, dessen Widerstand erlischt; den Fingern der Rechten entgleitet die Fessel, die er zu lösen sucht. Hinter dem linken Oberschenkel erscheint die Andeutung eines Affen: Attribut der Kunst als *simia naturae*, »Nachahmerin« der Natur. Condivi nennt die drei im Reigen der *prigioni* repräsentierten Bildenden Künste ausdrücklich: »Malerei, Skulptur und Architektur, eine jede mit ihren Kennzeichen.«[12]

Die Betonung dieser drei zusätzlichen Künste, die bislang nicht zu den *artes liberales* gehörten, verdeutlicht, daß es Julius II. darum ging, Elemente des seinem Onkel errichteten Grabes zu übernehmen, um es nach Größe, Ausstattung und Bedeutung zu übertrumpfen. Gemeinsam mit den sieben Tugenden auf der Deckplatte und den zehn Künsten, die an den Seitenfeldern erscheinen *(Abb. 3, 4)*, ergeben die namentlich genannten drei Bildenden Künste die erforderliche Zahl für die den zwanzig Pilastern vorgeblendeten Gefangenen. Zwanzig Tugenden und Künste, so lautet der erstaunliche Gedanke, sind mit dem Tod des Papstes um ihre Lebensfähigkeit gebracht.

In bezug auf das Obergeschoß betont Vasari, daß das Werk zwischen den vier Statuen der Plattform, unter ihnen der Moses, »sich stufenweise verjüngend, mit einem Fries von Bronzereliefs an[stieg]« *(Abb. 7 und 8)*[13]. Diese Bronzereliefs mit den historischen Erfolgen des

10 Michelangelo, Der sogenannte sterbende Gefangene. Paris, Louvre.

11 Alt-St. Peter (Rekonstruktion von H.W. Brewer, 1892).

Julius, angebracht an den getreppten Wänden des Obergeschosses, erinnern an die stufenpyramidale Form des Sixtus-Grabes sowie an die seitlich angebrachten Reliefs. Wenn schließlich die beiden Tragefiguren des Himmels und der Erde einen irdisch-kosmischen Geleitzug des Papstes gebildet hätten, wäre Julius II. über der vergrößerten Replik des Grabmales seines Ziehvaters aufgestiegen. Zwar ist nicht mit letzter Sicherheit zu entscheiden, ob er wie Sixtus IV. in liegender Haltung oder aufrecht sitzend, wie es die Rekonstruktion in Anlehnung an Panofskys Überlegungen zeigt, erschienen wäre; als Liegefigur wäre der Bezug zum Grabmal seines Onkels noch evidenter geworden, während im Fall einer thronenden Gestalt der Triumphgestus im Vordergrund gestanden hätte.[14] In jedem Fall hätte sich die Himmelfahrt des Julius auf einer pseudodynastischen Zeitachse vollzogen. Condivi berichtet, daß der Papst, nachdem er den Entwurf für sein Grabmonument gesehen hatte, Michelangelo beauftragte, »nachzusehen, wo man es bequem aufstellen könne«[15]. Für den Standort kam natürlich zuerst St. Peter in Frage *(Abb. 11)*. Wo es allerdings aufgestellt werden konnte, erwies sich als nicht lösbares Problem, denn die Mitte der von Sixtus IV. errichteten Kapelle war bereits durch dessen Grabmal besetzt, und ein alternativer Standort war nicht vorhanden. Auch in den weiteren Räumen der riesigen Kirche war keine geeignete Position zu finden.

3. Das Projekt Nikolaus' V.

In dieser Situation kam Michelangelo ein Ausbauprojekt zu Hilfe, das fünfzig Jahre zuvor begonnen, aber nicht fertiggestellt worden war. Die Petersbasilika umschloß mit ihren fünf Schiffen, dem nach Westen anschließenden Querhaus und dem folgenden Chor einen gewaltigen Raum. Sie war von Kaiser Konstantin zwischen 319 und 322 begonnen worden, um über dem Grab des heiligen Petrus eine Kaiserbasilika zu formen, die an diesem Ort die Versöhnung von Christentum und Staatsmacht besiegeln sollte. Ihre Bedeutung wird auch daran sichtbar, daß sie nach weniger als zehn Jahren Bauzeit unter Papst Sylvester geweiht wurde.[16] Zwar lag der Papstpalast mit der Lateransbasilika auf dem gleichnamigen Hügel, aber als Wallfahrtskirche des Heiligen, der die Papstmacht begründet hatte, genoß St. Peter eine besondere Verehrung. Als nach dem Ende des Exils von Avignon im Jahr 1377 entschieden wurde, die Papstresidenz auf den Vatikan jenseits des Tiber zu verlegen, um einen besseren Schutz vor den römischen Adelsgeschlechtern zu gewährleisten, wurde St. Peter zur bedeutendsten Kirche der katholischen Christenheit.

Dieser Prestigegewinn ließ den Wunsch entstehen, die Kirche zu erneuern. Einer der Gründe lag auch darin, daß sie, weil die Mauern auf dem instabilen Untergrund teilweise aus dem Lot geraten waren, in manchen Partien wie den Mittelschiffs-Obergaden baufällig zu sein schien. Nikolaus V. (März 1447 bis März 1455) hatte bereits 1451 protokolliert, daß sie eine potentielle Ruine sei,[17] und angesichts einer Reihe gleichlautender Berichte besteht kein Zweifel, daß sich die Bausubstanz tatsächlich in prekärem Zustand befand. Andererseits hielten die östlichen Langhauswände bis in das siebzehnte Jahrhundert, und die weitaus stärker gefährdeten Laterans- und Paulskirchen konnten durch Stützmaßnahmen gehalten werden. Fraglos wäre es mit einem Bruchteil des für einen Neubau benötigten Geldes möglich gewesen, auch Alt-St. Peter zu stabilisieren. Der Hinweis auf die Baufälligkeit der konstantinischen Basilika zeigt sich hier erstmals als Vehikel der Idee, abzureißen, um neue Bauten zu errichten, die wie von Gott selbst erschaffen wirken sollten.[18]

Denn wichtiger als die angegriffene Substanz war, daß Gräber und Altäre jeden Winkel der Kirche als ein Konglomerat der Geschichte ausgefüllt hatten, so daß für die Gegenwart und die verschiedenen Kollegien kaum mehr Platz blieb. Aus diesem Grund mußte Sixtus IV. seine Kapelle an die Südwand des Langhauses ansetzen, das angesichts der bereits vorhandenen Anbauten erneut nach außen wucherte. Aus Platznot hatte die Kirche damit eine

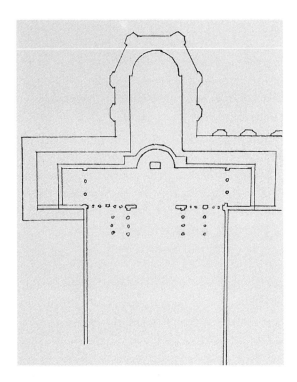

12 Alt-St. Peter und Nikolaus-
fundament
(Ch. Thoenes, 1994, Abb. 3).

Art parzelliertes neues Seitenschiff erhalten, sukzessiv aus der Not geboren und so planlos wie uneinheitlich.

In den acht Jahren seiner Amtszeit initiierte Nikolaus V. eine Baumaßnahme, die in einem Zug alle Probleme zu lösen versprach (*Abb. 12*)[19]. Das Querhaus sollte auf die Breite des Mittelschiffes erweitert und nach Westen ausgedehnt werden, und in Verlängerung des Mittelschiffes war jenseits des Querhauses ein gewaltiger neuer Chor geplant. Damit wurde erstmals in der Geschichte von St. Peter ins Auge gefaßt, das Herzstück der konstantinischen Basilika zugunsten eines neuen Traktes niederzulegen.

Ein solches Vorhaben konnte nicht ohne Gegenstimmen bleiben. Albertis Kritik, daß übersteigerte Pläne, die niemals zu Lebzeiten der Akteure vollendet werden könnten, zu Grundrißruinen führen würden, wirkt wie auf die Pläne Nikolaus' V. gemünzt, zumal er auch vermerkt, daß derartige Projekte meist auf Kosten alter Bauwerke gingen.[20] Maffeo Vegio äußerte in seiner in den Jahren 1455–1457 verfaßten Beschreibung der Basilika Bedauern darüber, daß dem Nikolaus-Chor alte Bauteile weichen müßten, und von Florenz her beklagte sich Poggio Bracciolini über das verschwendete Geld. Seinem Biographen Giannozzo Manetti zufolge hat Nikolaus V. seinen Kritikern noch auf dem Totenbett geantwortet, daß es nicht um seinen Ruhm, sondern um die Seelenpflege der Gläubigen gegangen sei, die über den Anreiz der Augen zum rechten Glauben geführt werden müßten. Gemessen an diesem Ziel seien die Kosten gering.[22] Zudem gab Manetti das Projekt im Sinne einer anthropomorphen Auffassung der Kirche als Abbild des menschlichen Körpers aus, der ein Abbild des Universums sei.[23] Indem er die expansive Ausdehnung des Gebäudes als Mikrokosmos definierte, war dem Argument begegnet, hier läge ein anmaßendes Sakrileg vor.

Das Petrus-Grab wäre bei der Erweiterungsmaßnahme Nikolaus' V. zur Mitte der Vierung gerückt, ohne diesen Ort zu besetzen. Daher ist vermutet worden, daß der Papst hier, lotgerecht im Zentrum der Kuppel und also im Schnittpunkt von Kopf, Armen und Rumpf des anthropomorphen Kirchenkörpers, sein eigenes Grab hätte errichten wollen.[24] So unwahrscheinlich eine solche Absicht angesichts dessen erscheint, daß Nikolaus V. die Kirche insgesamt von Gräbern freihalten wollte,[25] so trifft doch zu, daß er die Idee formulierte, die ehrwürdigsten Trakte der Peterskirche niederzulegen und in grundlegend neuer Form wiederzuerrichten, um dort die Hauptpositionen neu zu gruppieren.

Die Fundamente des neuen Chores konnten bis zum Ende der Amtszeit des Papstes nur etwa mannshoch ausgeführt werden, so daß Alt-St. Peter unangetastet blieb. Das westlich am Chorhaupt gelegene Probus-Mausoleum des vierten Jahrhunderts, dessen Inschriften allein durch das zufällige Auftauchen des Humanisten Vegio gerettet wurden, mußte dem Erweiterungschor jedoch ebenso weichen wie das südwestlich situierte Kloster St. Martin. Damit wurden erstmals in der Baugeschichte Neu-St. Peters bereits bestehende Gebäude geopfert.

Die Zerstörung eines Vorgängerbaues, die Aussicht auf eine unvergleichlich größere Kirche, die Rechtfertigung des Unternehmens mit der Baufälligkeit der bestehenden Basilika und die Abwehr möglicher Kritik – all diese Elemente kehrten wieder, nachdem das Unternehmen durch Michelangelo erneut angestoßen und durch Bramante mit einer nicht mehr aufzuhaltenden Entschiedenheit in Angriff genommen wurde. Nikolaus V. hat zumindest gedanklich als Erster Hand an die Konstantinsbasilika gelegt. Seine Überlegungen haben auf eine Weise weitergewirkt, die seine Alpträume, dann aber auch seine Träume übertroffen hätte.

4. Ortsbestimmung des Julius-Grabes

Nach Nikolaus V. kümmerte sich allein Paul II. (1464–1471) um eine Fortführung des Projektes, aber er vermochte die Fundamente nur auf etwa eindreiviertel Meter zu erhöhen. Auf diese Situation traf Michelangelo, als er das Areal jenseits der alten Chorapsis besichtigte. Condivi berichtet, daß er sofort auf die Idee kam, den über fünfzig Jahre alten Plan zu vollenden, um auf diese Weise eine Schale für das Grab von Julius II. zu erhalten: »Die Form der Kirche bestand damals in einem Kreuz, an dessen Kopf Papst Nikolaus V. begonnen hatte, den Chor neu zu errichten, der, als er starb, bereits auf eine Höhe von drei Ellen hochgezogen war. Michelangelo schien, daß gerade dieser Ort sehr geeignet sei, und als er zum Papst zurückgekehrt war, erläuterte er ihm seine Ansicht, wobei er hinzufügte, daß es, wenn Seine Heiligkeit dieselbe Meinung habe, notwendig sei, das Gebäude hochzuziehen und zu decken.«[27]

Der Vorschlag bestärkte die dynastische Komponente des Grabmalsprojektes. Mit dem Neubau des Nikolaus-Chores hätten sich die Grabmäler der Rovere-Päpste nicht nur ikonographisch und formal, sondern auch in ihrer Plazierung in der Mitte von riesigen Kapellen entsprochen. Von der Seite und dem Kopf her hätten sie der gesamten Kirche eine familienspezifische Prägung vermittelt, wie sie Julius II. bis an sein Lebensende im Auge behielt. Bei den späteren Umbauplänen hat er darauf geachtet, daß die Sixtus-Kapelle nicht angetastet würde,[28] und am Tag seines Testamentes hat er die »Capella Julia« des Chores offiziell zu seiner Grablege bestimmt.[29] Die spontane Begeisterung über Michelangelos Vorschlag aus dem Jahre 1505, der St. Peter in eine Familienkirche der Rovere verwandelt hätte, klingt in Condivis Bericht über die Frage der Bezahlung des Grabmales nach: »Der Papst fragte, was dieses kosten würde, woraufhin Michelangelo ihm antwortete: ›Hunderttausend Scudi‹. ›Es seien‹, sagte Julius, ›zweihunderttausend.‹«[30]

II BRAMANTES ANGRIFF AUF ALT-ST. PETER

1. Die taktische Niederlage

Als Architekt des neuen Chores wurde Donato Bramante (1444–1514) beauftragt. Die Medaille von Caradosso *(Abb.13)*[51] zeigt ihn mit unbekleideter Schulter in der Pose des antiken Heros, und die Rückseite präsentiert die Personifikation der Architektur als Zeichen, daß Bramante den Maßstab vom Baumeister des Kosmos erhält, mit nach oben geöffnetem Zirkel.[52]

Mit dem Grabmalsprojekt Michelangelos kannte Bramante den Anlaß, spürte sofort aber die ungeahnte Chance, das Projekt der Bildhauerkunst zum Vehikel eines noch größeren Vorhabens der Architektur zu machen. Bramantes erster Vorstoß kam einer Verspottung des Auftrages gleich. Es sind zwar keine Zeichnungen überliefert, aber der Bericht des Augustiner-Generals Egidio da Viterbo gibt Auskunft über Lage und Ausrichtung.[53] Bramante beabsichtigte,

13 Cristoforo Caradosso, Medaille für Bramante, 1505/06.
    Florenz, Museo Nazionale del Bargello.

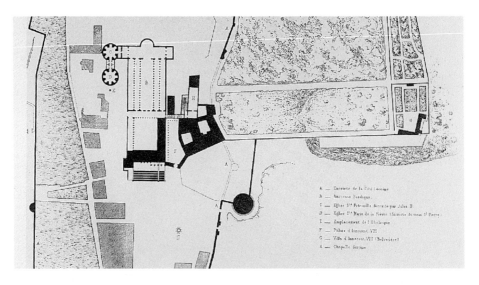

14 Lageplan von Alt-St. Peter und Umgebung, mit der Situation des Obelisken (E) vor dem Langhaus (B) (Rekonstruktion von P. M. Letarouilly 1882).

den Eingang des Gebäudes von Osten nach Süd zu verlegen, um ihn mit dem vor der Südwand stehenden Obelisken korrespondieren zu lassen. Die West-Ost-Achse der Basilika wäre um 90 Grad in eine Nord-Süd-Linie gedreht worden, so daß sich dieser Neubau quer durch das Langhaus von Alt-St. Peter getrieben hätte, ohne dessen Querschiff und Chor anzutasten *(Abb. II, 14)*.[34] Bramante sollte durch eine Erweiterung des Chores von Alt-St. Peter eine architektonische Hülle für das Grabmal des Julius schaffen, aber indem er im entgegengesetzten Bauteil ansetzte, negierte er eben jenen Gebäudeteil, in dem Michelangelos Werk hätte aufgestellt werden sollen. Bramante glaubte offenbar, später das Grab Petri und den Hochaltar in die Mitte seines Neubaues übertragen und dann den überflüssig gewordenen Restbau abzureißen zu können. Indem Julius II. die Planung des Westchores in die Hände von Bramante gelegt hatte, verwandelte sich das Unternehmen von Beginn an in einen Amoklauf gegen Alt-St. Peter.

Der Vorstoß zu diesem Fernziel war klug eingefädelt, denn mit der Achse des Obelisken, in dessen Kugel sich angeblich die Asche Caesars befand, wäre ein unmittelbarer Bezug zum Eingang der neuen Kirche hergestellt worden. Die um 1558/59 geschaffene Zeichnung eines unbekannten niederländischen Künstlers läßt im Vordergrund noch die Situation erkennen, die Bramante vor Augen hatte *(Abb. 15)*[35]. Der Blick geht auf den Obelisken mit der Caesar gewidmeten Inschrift DIVO CAESARI DIVI / IVLIIE AVGVSTO / CAESARI DIVI AVG / VSTO /

15 Anonym, vatikanischer Obelisk vor der Kapelle Sixtus' IV. und S. Maria della Febbre, um 1558/59. München, Staatliche Graphische Sammlung.

SACRVM; links angeschnitten ist der Rundtempel von S. Maria della Febbre zu erkennen, und hinter dem Obelisken erhebt sich über niederen Anbauten die mit einer Rundapsis versehene Kapelle Sixtus' IV., in deren Mitte das von Julius II. als Kardinal gestiftete Grabmal seines Onkels ruhte. Bramantes Vorschlag hätte bedeutet, die Kapelle der Rovere in eine Eingangshalle der neuen Basilika zu verwandeln und damit vom Obelisken Caesars einen sprechenden Bezug zu Julius II. und dessen Familie herzustellen.

Als Giuliano della Rovere am 1. November 1503 aus dem Konklave als Papst hervorgegangen war, erwartete man, daß er im Andenken an seinen Onkel Sixtus IV. den Namen Sixtus V. wählen würde.[36] Er bezog sich aber auf Papst Julius I. (337-362), um über diesen eine Namensverbindung mit Gaius Julius Caesar knüpfen zu können. Sein Ruf als Kriegspapst, der selbst in vorderster Linie mitgekämpft habe, ist zwar ein Produkt der zeitgenössischen Gegenpropaganda,[37] aber dennoch besaß er eine Affinität zur militärischen Seite des caesarischen Ruhmes. Nach der Rückkehr von der Eroberung Bolognas 1506/1507 etwa ließ er sich auf einer Gedenkmedaille als zweiter Caesar, IULIUS CAESAR PONT. II, feiern,[38] und von Gefolgsleuten wurden ihm am 27. März 1507 in Rom Triumphbögen errichtet, die mit Inschriften wie »Veni, Vidi, Vici« an die Siegesparaden Caesars erinnerten.[39] In den Überschriften der Gedichte, die der römische Dichter Johannes Michael Nagonius verfaßte, wird der Papst immer wieder mit jenem Titel angesprochen, den Caesar erhalten hatte und der mehrfach auf dem Obelisken erscheint: »Divus Julius«[40]. Die im Besitz des Papstes befindliche Handschrift der Gedichte zeigt Julius II. umgeben von den Profilbildnissen Caesars und des Augustus.[41] Noch im November 1512 ließ er sich in Beisein des kaiserlichen Bevollmächtigten und Vertretern der aus französischer Herrschaft befreiten Städte Parma und Piacenza als »neuer Caesar« preisen,[42] und zu Beginn des Jahres 1513 wurde ausgeführt, daß er dem antiken Namenspatron nicht dem Rang nach, sondern allein wegen der zeitlichen Abfolge als »zweiter« Julius gefolgt sei.[43]

Wenn Bramante Julius II. bereits im Jahr 1505 mit intuitiver Treffsicherheit als »zweiten Caesar« ansprach,[44] um ihn zu einer beispiellosen Abriß- und Aufbautat zu bewegen, so hatte er selbst caesarische Anwandlungen. Als ein gefeierter Architekt auf Zuträgerfunktionen für einen halb so alten Bildhauer reduziert zu werden, muß für ihn eine unerträgliche Zumutung gewesen sein. Er zögerte nicht, dem Papst zu suggerieren, die alte Peterskirche zu tilgen, um mit deren Chor auch jenen Ort auszulöschen, in dem Michelangelos Lebenswerk hätte stehen sollen. In dieser aus einer Abwehrhaltung entsprungenen Hemmungslosigkeit zeigt sich der Januskopf seines Willens, innovativ und großflächig zu planen. Bramantes Vorstoß wirkt, als sei ihm die gebaute Geschichte lediglich ein Spielzeug auf dem Tableau der eigenen Phantasie.

Die Antwort des »zweiten Caesar« war zunächst jedoch ebenso kurz wie ablehnend. Julius II. erkannte sofort, daß Bramantes Panegyrik nur eine Verhüllung der eigenen Absichten war. Auf das Argument Bramantes, das Grab Petri ohne Probleme in die Mitte des neuen Baues versetzen zu können, antwortete Julius II. schroff, daß »nichts zu verändern« sei; alles sei unverrückt zu belassen.[45] Er werde »das Geweihte über das Profane, Gottesfurcht über äußeren Glanz und Frömmigkeit über Zierde stellen, denn es stehe nicht geschrieben: das Grabmal soll in den Tempel gesetzt, sondern der Tempel um die Grabstätte gebaut werden«[46]. Die Argumentation konnte Julius II. um so leichter fallen, weil Bramante sein Hauptanliegen, einen Platz für das Grabmal zu schaffen, nicht berührt, geschweige denn gelöst hatte. Und um den Obelisken Caesars, so führt er beiläufig an, werde er sich selber kümmern. Er wird hierbei an die Projekte Nikolaus' V. und Pauls II. gedacht haben, den Obelisken vor den Eingang St. Peters zu versetzen, wohin er unter Sixtus V. im Jahr 1586 dann auch tatsächlich transportiert wurde.[47]

2. Der strategische Erfolg

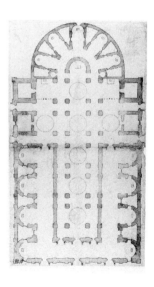

Der erste Vorstoß Bramantes war abgelehnt, verfehlte sein Ziel jedoch nicht. Durch die Weiträumigkeit und Radikalität seiner Idee vermochte Bramante den bislang auf das Nikolaus-Vorhaben bezogenen Planungsrahmen zu sprengen. In den Herbstwochen des Jahres 1505 wurde ein Neubau grundsätzlich beschlossen, zwar nicht im Sinne von Bramantes Achsenverschiebung, aber doch weitaus ausgreifender als es ein Weiterbau des Nikolaus-Chores bedeutet hätte.

Der folgende Prozeß, festgehalten in zahlreichen Skizzen, gehört zu den verwickeltsten Problemen der Kunstgeschichte. Die Aussicht auf Teilhabe an dem riesigen Bauvorhaben zog zahlreiche Architekten an, die in den Planungsprozeß einzugreifen suchten. So zeigt ein Plan des Architektenmönchs Fra Giocondo im Grundriß ein langgestrecktes Schiff, dem ein Querhaus vorgelagert ist

16 Fra Giocondo, Grundriß für St. Peter, Feder, laviert 92 x 50 cm. Florenz, Uffizien, Gabinetto dei Disegni e delle Stampe, Fol. 6 Ar.

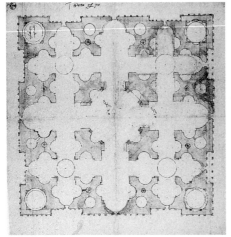
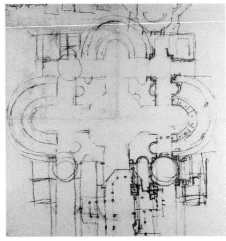

17 Giuliano da Sangallo, Grundriß für St. Peter, Feder, laviert. Florenz, Uffizien, Gabinetto dei Disegni e delle Stampe, Fol. 8 Ar.

18 Bramante, Entwurf eines Grundrisses für St. Peter. Florenz, Uffizien, Gabinetto dei Disegni e delle Stampe, Fol. 8 Av.

(Abb. 16)[48]. Das Langhaus leidet an der unausgewogenen Zusammenstellung eines dreischiffigen Innenbereiches mit einem breiten Umgang und je vier riesigen Seitenkapellen. Um trotz der überdimensionalen Ausmaße die Pietät von Alt-St. Peter zu wahren, läßt Fra Giocondo das innere Langhaus mit der Ostwand von Alt-St. Peter zusammenfallen.

Der Vorschlag, der als Meinungsäußerung, *opinione*, klassifiziert wurde, muß Bramante in Unruhe versetzt haben, denn er wußte, daß dem Papst daran lag, die Grobform der alten Peterskirche zu bewahren. Um nicht aus dem Feld geschlagen zu werden, spielte er nun Möglichkeiten durch, die sich zunächst vor allem auf die Westpartie der Kirche konzentrierten. Entgegen der lange herrschenden Vorstellung, daß Bramante in dieser frühen Phase einen Zentralbau plante, hat die Gegenthese, daß er an einen »Kompositbau« als Verbindung eines Zentralbaues mit einem nach Osten gerichteten Langhaus dachte, entscheidende Argumente für sich.[49] Die Idee eines reinen Zentralbaues hätte in dieser Phase die Gefahr beschert, daß der Papst, durch die Radikalität des Neubeginns zu diesem Zeitpunkt überfordert, erneut sein *nihil inverti* gesprochen hätte.

Daß Bramante zu vermeiden suchte, einen Zentralbau zu planen, zeigt seine Reaktion auf den Entwurf seines Mitarbeiters Giuliano da Sangallo, der enge Verbindungen zu Julius II. aus dessen Kardinalszeit besaß und deshalb als ernster Konkurrent gelten konnte. Die Zeichnung präsentiert einen reinen Zentralbau, den ersten in der Geschichte der Planung von Neu-St. Peter *(Abb. 17)*[50]. Auf der Rückseite dieser Zeichnung hat Bramante sofort reagiert *(Abb. 18)*. Er nahm das sorgfältig gezeichnete Blatt, hielt es gegen das Licht, pauste mit schnellen Strichen die vier radial zur Vierung angesiedelten Kuppelkreise durch, markierte im Inneren die Vierung und vereinheitlichte die südliche, westliche und nördliche Apsis durch einen Umgang. Im Osten öffnete er den Bau zu einem Langhaus. Am unteren Bildrand erscheint mit dem Mailänder Dom das Vorbild eines solchen gerichteten Baukörpers. Am oberen rechten Bildrand, halb abgeschnitten, wird San Lorenzo in Mailand als jenes Beispiel zitiert, das Bramante für seine Apsidenumgänge im Kopf hatte. Es handelt sich um eine fahrig hingeworfene Zeichnung, die ein wertvolles Entwurfsblatt als Unterlage einer Handskizze nutzte – sei es aus Zeitnot oder sei es als Akt einer Maßregelung.

Die komplexeste, genuin auf Bramante zurückgehende Entwurfsskizze, Blatt 20 A der Uffizien *(Abb. 19)*[51], hat darin einen besonderen Wert, daß sie das erste überlieferte, auf Karopapier eingetragene Grundrißmodell der Architekturgeschichte darstellt.[52] Die Zeichnung spottet jener Vorstellung, die im Architekten vor allem den Diener des Auftraggebers sieht. Mit der Aufgabe betraut, eine Hülle für das Julius-Grab zu schaffen, explodiert Bramantes Phantasie vollends über den gesamten Bau. Er beugt sich dem Ziel, den Chor auszubauen, sprengt mit seinen Vorschlägen die alte Basilika aber nun von der Vierung her.

Das Atemlose seines Ideensturmes zeigt sich in der Dreischichtigkeit des Blattes. Als unterste Lage sind der Grundriß Alt-St. Peters und die projektierten Anbauten von Nikolaus V. eingetragen *(Abb. 12)*. Die zweite Schicht spielt sich vorwiegend in dem Rechteck ab, das sich vom Mittelpunkt der neuen Vierung aus nach rechts unten erstreckt *(Abb. 20)*. Die Vierung des Nikolaus-Planes ist zum Oktogon eines gewaltigen Kuppelraumes erweitert, von dem Bramante allein den nordöstlichen Pfeiler eingetragen hat. Seine abgeflachte Frontlinie bildet eine der acht Seiten des Oktogons. Exakt in der Flucht der alten Langhauswand liegt der Einstich für den Kreis einer diagonal angelegten Nebenkuppel, von welcher der südöstliche Pfeiler eingetragen ist.

Offenbar um der Nachwelt die Brillanz dieser Operation zu erhalten, hat Bramante die zweite Schicht in Form des kostbaren, 54 x 110 cm großen Pergamentplanes aus dem Niveau der bloßen Arbeitsskizzen herausgehoben *(Abb. 21)*. Er zeigt nur den westlichen Ausschnitt eines Gesamtplanes, der nicht notwendig, wie bislang angenommen wurde, spiegelbildlich zu einem Zentralbau umzuschlagen wäre. Er ist unten beschnitten und hätte in jedem Fall weiter nach Osten gereicht, so daß nicht auszuschließen ist, daß auch er ursprünglich

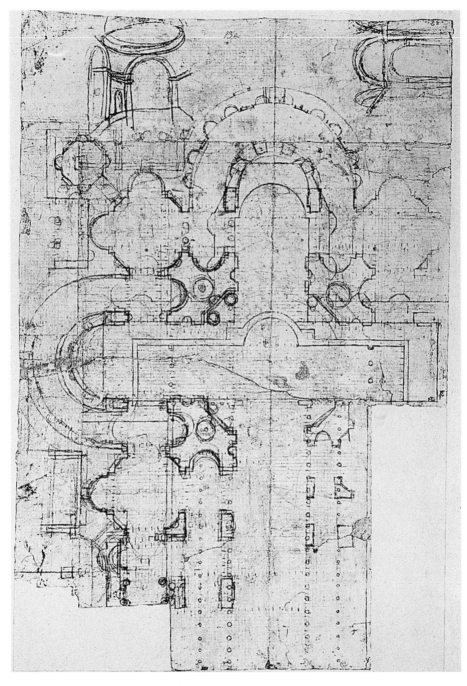

19 Bramante, Entwürfe für Neu-St. Peter. Florenz, Uffizien, Gabinetto dei Disegni e delle Stampe, Fol. 20 Ar.

zu einem »Kompositbau«, einer Verbindung von Zentral- und Langhausbau, gehörte.[53]

Auf den Grundriß der ersten Planungsstufe von Skizze 20 A gelegt, zeigt der Pergamentplan mit seinen beiden westlichen Vierungspfeilern, wie der tastend skizzierte nordöstliche Pfeiler von 20 A weiterentwickelt ist *(Abb. 22)*. In die zur Vierung gerichteten Längsflächen hat Bramante die halbkreisförmige Auskerbung eingetragen, die in der Skizze 20 A nur an der Ostseite des Pfeilers erscheint. Damit sind die Vierungspfeiler in jene »klassische« Form gebracht, die von nun an Bramantes Markenzeichen sein wird.

Der Chorbereich zeigt, daß Bramante die Aufgabe, den Nikolaus-Plan umzusetzen, gewissermaßen zähneknirschend erfüllt hat. Aus

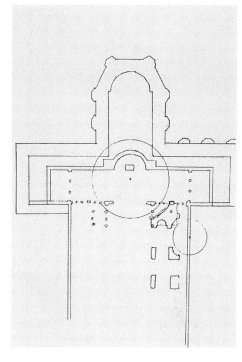

20 Auszug aus Abb. 19: Altbauten (Schicht I) und erstes Kuppelsystem (Schicht II) (Ch. Thoenes, 1994)

dem Schiff des Nikolaus-Chores macht er das erste Joch seiner zweijochigen Choranlage, deren Haupt entsprechend weiter nach Wesen geschoben wird. Die Öffnung des ersten Joches zum Vierpaßsystem der Nebenkuppeln tilgt schließlich jede Erinnerung an den Ausgangspunkt.

Ungeachtet dieser Nobilitierung der zweiten Schicht seiner Zeichnung 20 A hat Bramante nochmals angesetzt, weitere Hemmungen abgelegt und im Nordwesten, Südwesten und Südosten jene drei riesigen Kuppelpfeiler eingetragen, die nun den Anlaß geben, einen weit über den Nikolaus-Chor hinausreichenden Umgang zu projektieren *(Abb. 19)*. Dieser zieht sich um die Querhausarme weiter und bildet im Langhaus ein breites äußeres Seitenschiff, das ohne jeden Bezug zum Langhaus von Alt-St. Peter bleibt.[54] An die Stelle der fünfschiffigen konstantinischen Basilika ist eine dreischiffige Anlage getreten, die den Bezug zum Vorgängerbau durchtrennt. Erstmals ist Alt-St. Peter restlos getilgt: nicht durch eine rückbezügliche Erweiterung und Überbauung, sondern durch eine referenzlose Mißachtung.

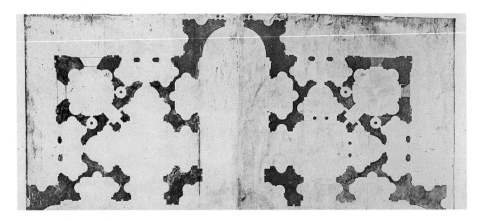

21 Bramante, Pergamentplan von Neu-St. Peter. Florenz, Uffizien, Gabinetto dei Disegni e delle Stampe, I A.

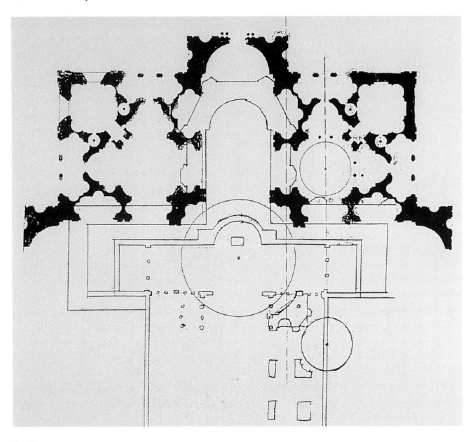

22 Überlagerung von Abb. 20 und Abb. 21 (Ch. Thoenes, 1994).

Die Fülle von Bramantes Ideen hat Julius II. schließlich überzeugt, das Unternehmen zu starten. Als Caradosso für die Grundsteinlegung am 18. April 1506 die Gründungsmedaille prägte *(Abb. 23)*,[55] hielt er diese Planungsphase fest, die, wie auch der Pergamentplan, nicht unmittelbar und in allen Details auf das Projekt des Baubeginns eingeht, aber doch das Grundmuster vorstellt. Der Blick geht nicht etwa auf die Ostseite einer Zentralanlage, sondern auf jenen Westteil des Neubaues, der die Hülle für das Grabmal Julius' II. sein sollte.[56] Den Beweis, daß hier die West- und nicht etwa die der Stadt zugewandte Ostseite des Atriums dargestellt ist, bietet das unebene Erdreich unter dem Sockelgeschoß. Denn nur im Westen war ein solches Gelände gegeben.

Von außen nach innen zeigt Caradossos Medaille die Halbkuppeln der Vierungsarme, die Ecktürme, die Kuppeln der diagonal eingestellten Nebenräume, in der Mittelachse den Chor mit seinem Halbkuppelabschluß sowie im Zentrum schließlich die gewaltige Vierungskuppel. Selbst die kleine Plakette gibt noch einen Eindruck davon, daß Bramante auf einen Schlag versuchte, das Anspruchsniveau der Antike zu übertrumpfen. Noch heute wirkt schwer begreiflich, wie Bramante den Mut aufbringen konnte, einen riesigen, von Säulen umstellten Rundtempel in eine Höhe heben zu wollen, in der üblicherweise die Gewölbezone begann. Es hieß, Bramante habe gleichsam das Pantheon auf den »Friedenstempel«, die Maxentius-Basilika, zu setzen versucht.[57]

23 Cristoforo Caradosso, Gründungsmedaille von Neu-St. Peter, 1506. Berlin, Münzkabinett.

Damit war die Bauaufgabe neu definiert. Es ging nicht mehr um eine Erweiterung der konstantinischen Basilika, sondern um ein voraussetzungsloses Gebäude, das zumindest den westlichen Teil des Altbaues vom Erdboden tilgen würde. Julius, der gegenüber dem ersten Projekt Bramantes noch polemisiert hatte, daß das überlieferte Heilige zu achten sei und Gottesfurcht über dem äußeren Glanz zu stehen habe, derselbe Papst willigte nun ein, den Hauptteil von Alt-St. Peter niederlegen und eine neue Kirche an dessen Stelle entstehen zu lassen.

3. Das Zusammenspiel mit Julius II.

Die Motive der Beteiligten sind komplex und widersprüchlich. Julius II. stand Zeit seines Lebens unter dem Zwang, das Werk seines Onkels Sixtus IV. zu vollenden. Dieser war zu Lebzeiten als neuer Augustus und zweiter Gründer Roms gefeiert worden,[58] und seine Grabinschrift rühmte ihn als Erneuerer der Kirchen, der Tiberbrücke, des Forums und der Straßen: VRBE INSTAVRATA TEMPLIS PONTE FORO VIIS. Das strahlende Bild dieses städtebaulichen Erneuerungswillens war lediglich durch den Umstand getrübt, daß Sixtus IV. in St. Peter den unter Nikolaus V. begonnenen Chorerweiterungsbau nicht fortgeführt und vollendet hatte. Julius II. wurde nahegelegt, daß dieses Versäumnis bereits mit Blick auf ihn selbst erfolgt sei. Sixtus IV., dem neuen David, sei bewußt gewesen, daß es nicht ihm selbst, sondern einem Nachfolger seiner Familie vorbehalten sein würde, als zweiter Salomo einen neuen Tempel aufzuführen. Offenbar wartete Julius II. förmlich auf den Anlaß, in diese heilsgeschichtliche Stellung eintreten zu können.[59] Michelangelos Vorschlag hatte ihm zunächst das ersehnte Stichwort gegeben. Mit dem Grabmalsprojekt war der Zwang gegeben, Alt-St. Peter mit dem neuen Chor zu versehen.

Die stolze Umschrift der Gründungsmedaille, TEMPLI PETRI INSTAVRATIO (»Erneuerung des Peterstempels«), wird Julius II. als eine Antwort auf die Inschrift der Grabplatte von Sixtus IV. gemeint haben. Hatte sich der erste Rovere-Papst durch die Erneuerung der Stadt, VRBE INSTAVRATA, hervorgetan, so versprach der zweite Papst dieser Familie, die bedeutendste Kirche der Christenheit neu zu errichten.[60]

Julius II. konnte diesen Dialog mit den Taten seines Onkels so zielstrebig verfolgen, weil er die Familienpolitik als Mittel der Amtspflicht sah. Sein innenpolitisches Ziel lag darin, den römischen Stadtadel, der die eigenen Rechte und Ansprüche über die Jahrhunderte gegen die Papstmacht auszubauen versucht hatte, in die Schranken zu weisen. Auch hierin folgte er einer Politik, die Sixtus IV. mit einer solchen Brachialgewalt begonnen hatte, daß er aus Sicht des römischen Adels als zweiter, schlimmerer Nero erschienen war: »Freue dich, seliger Nero, an Bosheit schlägt dich ein Sixtus!«[61]

Die römischen Barone wurden von Julius II. bei der Ernennung neuer Kardinäle beständig übersehen. Was sie neben dieser Schmach aber über alle Maßen brüskierte, waren die Wege zur päpstlichen Residenz, die Julius II. durch ihre Wohnquartiere treiben ließ. Die den Namen des Papstes tragende Via Giulia, die sich als Achse einer schnurgeraden *via recta* durch ein verwinkeltes Ensemble von Palästen schlug, mußte aus Sicht Julius' II. wie das Symbol der Trockenlegung eines Sumpfes, aus dem Blick des Stadtadels aber als Pfahl einer ordnenden und überwachenden Instanz im eigenen Fleisch wirken.[62]

In diesem Zusammenhang ist treffend vom Versuch gesprochen worden, die Stadt in einer »Entrümpelungs-Aktion« von allen Hindernissen zu befreien, die der Errichtung einer absolutistischen Kirchenmonarchie im Wege standen.[63] Der Schluß liegt nahe, daß Julius II. mit der Auskehrung der eigenen Kirche beginnen wollte, um diese nicht nur von allen Zeichen der in Grabmälern und Kapellen vielfältigen Partikularinteressen zu befreien, sondern um in einem Schlag die Gesamthülle einer problembeladenen und bedrängenden Tradition zum Verschwinden zu bringen. Eine neue, wagemutige Architektur hätte der Geschichte ein Siegel der Zukunft entgegengestellt, in das sich auch die eigene Familie eingetragen hätte. Aus diesem Grund kann es für Julius II. keinen Widerspruch bedeutet haben, die Rovere mit dem Papsttum in einer Dichte zu verbinden, wie es zuvor niemand riskiert hatte.

Neu-St. Peter hätte sich im geistigen Bild Julius' II. als Gegenzeichen zum Rom jenseits des Tiber erheben sollen, und es wirkt wie ein Symbol, daß im Jahr der Grundsteinlegung von Neu-St. Peter die päpstliche Palastwache, die bis dahin aus römischen Baronen bestand, durch die Schweizer Garde ersetzt wurde. Mit der Kuppel Bramantes wäre jenes Gegenbild zum Pantheon und zum Kapitol errichtet worden, das die Blicke und Wege wie magnetisch auf sich gezogen und die traditionelle Klage der Intellektuellen über die verlorene Pracht des alten Rom zum Verstummen gebracht hätte. In jedem Aspekt ist die Entscheidung gegen den Westteil von Alt-St. Peter und für den stilistisch, konzeptionell und in der Größe beispiellosen Bau Bramantes von Zielvorstellungen durchdrungen, welche die Amts-, Familien- und Eigeninteressen des Julius in einem einzigen Projekt zu bündeln vermochten.

Schließlich hätten Julius II. und Bramante im Entschluß, den Neubau zu beginnen, nicht übereingestimmt, wenn nicht beide darauf eingeschworen gewesen wären, das Neue nicht allein als Addition, sondern als Tilgungsakt aufzuführen. Die ästhetisch begründete Rechtfertigung der Erneuerung von Alt-St. Peter seitens eines Parteigängers von Julius II. kann in diesem Sinn verstanden werden. Die konstantinische Basilika, so führt Sigismondo dei Conti aus, sei nicht nur baufällig, sondern habe auch einen schwachen künstlerischen Wert.[64] Das schmale, die Breite des Mittelschiffes nicht erreichende Querschiff und der kurze, mit nur einem Vorjoch ausgestattete Chor, der als Kopf des riesigen Kirchenkörpers wie in den Hals gestaucht wirkte, war mit den ästhetischen Konventionen der Renaissance kaum zu vereinbaren, und dies mag einen weiteren Grund abgegeben haben, die Niederlegung der alten Basilika ins Kalkül zu nehmen.

Vasari rühmt Bramante als einen Erneuerer, weil er die Architektur in derselben Radikalität revolutioniert habe, wie die Griechen sie von Grund erfunden hätten.[65] In dieser Würdigung klingt eine Fetischisierung des Neuen nach, die das Gefüge von Architektur und Idee, Wand und Zeichnung in Fluß bringen mußte, und hierin wird der psychologische Grund gelegen haben, warum sich die Beteiligten trauten, ihr Zerstörungs- und Aufbauwerk zu beginnen.

Weil Architektur vor allem als Ideenkunst begriffen wurde,[66] wurden Zeichnungen bereits unmittelbarer als Architektur begriffen, als dies heute den Anschein hat. Konzipiert wurde mit der Leichtigkeit des Skizzierens, probend, und nie vom Zweifel gebremst, daß nicht auch wieder abgerissen werden könnte, was bereits entstanden oder im Entstehen begriffen war. Das ungerührte Abreißen ehrwürdig alter oder auch neu errichteter Bauteile vermittelt den Eindruck, daß diese nicht als sperrige Architekturen, sondern als ephemere Zeichnungen erachtet wurden. Vasari, der zahlreiche Skizzen der Errichtung von Neu-St. Peter in seine Zeichnungssammlung einbringen konnte, hat diesen Vorgang später für seine Theorie des *disegno* genutzt, indem er wahre Architektur mit der puren Linie identifizierte: »Die Entwürfe [*disegni*] von jener [Architektur] sind aus nichts außer Linien gebildet, was nichts anderes für den Architekten als der Beginn und das Ende dieser Kunst ist, denn was noch bleibt, durch Modelle aus Holz zu vermitteln, die aus diesen Linien entwickelt sind, ist nichts anderes als die Arbeit von Steinmetzen und Maurern.«[67] Vasari argumentierte mit seiner Unterscheidung zwischen Linie und Holzmodell gegen Berufsarchitekten, wie sie durch Antonio da Sangallo, den späteren Bauleiter von St. Peter, repräsentiert wurden.

Bramante hat durch gezielte Personalauswahl und unermüdlichen Qualitätsanspruch die handwerkliche Schulung der römischen Architektur auf Jahrzehnte hin gefördert,[68] aber er hätte Vasaris Betonung der Überlegenheit der Zeichnung dennoch unterstrichen. Er äußerte in seinen Skizzen eine nervöse und spontane Individualität in ihrer reinsten Form; rein im Sinne von ungebremst, was sich auch als ungehinderter Wille zur Zerstörung äußern konnte. Die Form von Neu-St. Peter wie der Abriß von Alt-St. Peter sind Funktionen einer bislang unbekannten Wirkung phantasmatischer Zeichnungen, in denen sich, wie sich zeigen wird, die Spontaneität des Individuellen mit den strukturellen Vorbedingungen absoluter Herrschaft paarte.

4. Die Niederlage Michelangelos

Die Subjektivität der Zeichnungen bedeutete auch, daß die Protagonisten ihre Projekte behandelten, als wären sie Fürsten, die ihre Territorien vor Eindringlingen schützen mußten. Der Freiheit der Individualität war der Zwang der Konkurrenz verbunden. Ihr fiel Michelangelo, der selbst ein Meister im Kampf um Aufträge war, zum Opfer.

Michelangelos Plan des Julius-Grabes hatte Bramante die Möglichkeit gegeben, den Traum eines Architektenlebens zu verwirklichen. Noch aus dem Abstand von mehr als vier Jahrzehnten hielt Condivi mit Stolz fest, daß es ohne Michelangelos Grabmalsprojekt niemals zum Neubauvorhaben gekommen wäre: »Auf diese Weise wurde Michelangelo der Grund, daß nicht nur der schon begonnene Teil des Baues fertiggestellt wurde, der, wenn es so nicht gekommen wäre, vielleicht noch stehen würde, wie er zuvor war, sondern daß dem Papst der Wille kam, auch den Rest nach neuem, schönerem und größerem Plan zu erneuern.«[69]

Condivi hat die Rolle Michelangelos für den Neubau St. Peters um so stärker betont, als es zur Realisierung seines Grabmalsprojektes nicht mehr kam. Auch die Geschichte dieser Absage stammt von Condivi. Seine Sicht ist aus der Perspektive Michelangelos geschrieben, aber ihr Wahrheitsgehalt wird durch die äußeren Ereignisse unterstützt. Julius II. bedachte in einem Moment der Ernüchterung, daß die Architektur und das Grabmal finanziell nicht gleichzeitig durchzuhalten wären. Er strich Michelangelo die Bezüge, ohne ihm dies persönlich mitzuteilen: auch ein zweiter Caesar war nicht ohne Angst vor der »terribilità« des Künstlers.[70] Michelangelo witterte eine aus Neid geborene Intrige. So viele Gunstbeweise habe Michelangelo vom Papst erhalten, daß sie, »wie es immer wieder an den Höfen geschieht, Neid und nach dem Neid nicht endende Verfolgungen verursachen. Denn dem Architekten Bramante, der vom Papst sehr geschätzt war, gelang es mit dem für gewöhnlich vom Volk vorgebrachten Diktum, daß es ein schlechtes Omen sei, sein Grabmal bereits zu Lebzeiten errichten zu lassen, und weiteren Märchen, den Vorschlag zu ändern.«[71] Die tiefe Abneigung, die Michelangelo über lange Zeit gegenüber Bramante empfand, hat hierin ihre Wurzel.[72]

Michelangelo wollte die drohende Absage zunächst nicht wahrhaben und begann, den Marmor und die Arbeiter aus eigenem Geld zu bezahlen. Als er von den Palastwächtern des Papstes aber mehrfach abgewiesen wurde,[73] floh er am Vorabend der Grundsteinlegung zum Neubau von St. Peter, von Paranoia getrieben, daß ihm Julius oder Bramante nach dem Leben trachteten, aus

Rom. Er jagte mit einer Kutsche der Eilpost nach Norden, bis er sich um zwei Uhr nachts auf florentinischem Boden befand. Was für ihn ein Triumph hätte werden sollen, entwickelte sich von nun an zur vielbeschworenen Tragödie seines Lebens. Dem Architekten Giuliano da Sangallo teilte er kurz nach seiner Abreise brieflich mit, daß er geflohen sei, weil er fürchtete: »Wenn ich in Rom bliebe, stünde zuerst mein eigenes Grabmal, dann das des Papstes an«[74], und im Rückblick auf das Grabmal von Julius II. wird er später klagen: »Besser für mich wäre gewesen, ich hätte in frühen Jahren Streichhölzer zu machen gelernt.«[75]

III ABRISS, NEUBAU UND STILLSTAND

1. Die Selbstzerstörung des Neubaues

Bramante konnte zu bauen beginnen, aber auch sein Sieg hatte einen Preis, denn er vermochte nicht ungehindert zu verwirklichen, was seine Skizzen imaginiert hatten. Die zwischen 1506 und 1514 erfolgten Arbeiten zeigen, daß sich zwei divergierende Ziele gegenüber standen *(Abb.24)*[76]. Der Grundriß von Bernardo della Volpaia von 1514 weist zwar jene Kuppelpfeiler aus, die Bramante

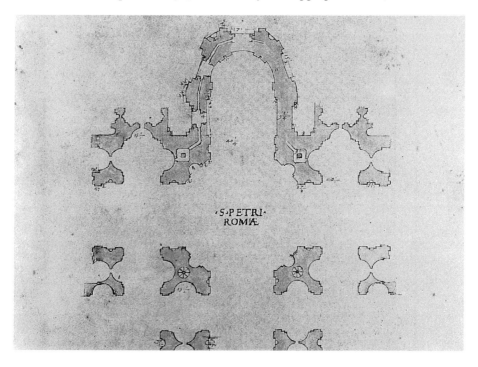

24 Bernardo della Volpaia, Grundriß der Neubauten von St. Peter, 1514. London, Sir John Soane's Museum, Cod. Corner, fol. 31.

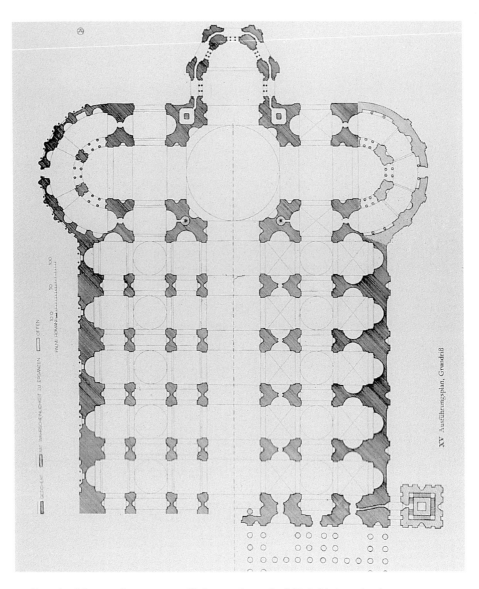

25 Der »Ausführungsplan« von 1507 (Rekonstruktion der Möglichkeiten durch F. G. W. Metternich und Ch. Thoenes, 1987)

in seiner letzten Ideenphase konzipiert hatte, um sie zum Ausgangspunkt eines um den Nikolaus-Chor laufenden Umganges zu machen (Abb.19), aber nach dem Beginn der Arbeiten war diese Konsequenz nicht erfolgt. Julius II. hatte offenbar verfügt, daß der westliche Chorarm auf die Maße des Nikolaus-Chores begrenzt werden sollte. Angesichts des eklatanten Konfliktes zwischen den mächtigen Vierungspfeilern und dem kurzen Chorhaupt mußte der Neubau wirken, als wolle ein Riesenkörper den Kopf zwischen die Schultern ziehen.

26 Anonym, Bramantes Westchor von Südwesten, Zeichnung. Vatikanstadt, Biblioteca Vaticana, Coll. Ashby, Nr. 329.

Inwieweit dieses Drama aus einem ursprünglichen »Ausführungsplan« abgeleitet werden kann, ist fraglich, weil nicht sicher ist, ob es einen solchen jemals gegeben hat. Sebastiano Serlio charakterisierte selbst jenes Modell Bramantes, das dessen Idealvorstellungen abgegeben haben muß, als »in manchen Teilen unvollendet«.[77] Dennoch kann eine Rekonstruktion des unter Bramante gewollten Gesamtkonzeptes eine Vorstellung davon vermitteln, was sich vor seinem inneren Auge abspielte, als er gezwungen wurde, den Westchor in reduzierter Form zu bauen (Abb.25)[78]. Er war in die widersinnige Situation manövriert worden, mit einem Chor beginnen zu müssen, dessen geschrumpfte Gestalt der Begründung seines Neubaues zuwiderlief. Denn der Westteil des Neubaues beseitigte nicht etwa die ästhetische Schwäche von Alt-St.Peter, sondern er wiederholte diese in größerem Maßstab. Im Westchor widerlegte der Neubau den Grund seiner Existenz.

Wenn Bramante den Direktiven des Papstes folgte, zunächst den Westteil hochzuziehen, so kann dieser Chorarm für ihn daher nur den Charakter eines »langfristigen Provisoriums« besessen haben.[79] Die dorische Ordnung der Außengliederung, wie sie die Zeichnung der Collection Ashby wiedergibt (Abb.26), zeigt gleichwohl, daß Bramante gerade aus dem Charakter des Provisoriums die Freiheit zog, eine bis dahin unbekannte dorische Ordnung zu entwickeln. Wenn das Gebälk nach seinem Tod nicht vollendet wurde, so mag dies der Einsicht entsprungen sein, daß dieser Baukörper eines Tages fallen oder neu ummantelt werden würde; ebenso ist aber möglich, daß die konzipierten Formen den Zeitgenossen zu weit gingen. Zumindest gegen Mitte des Jahrhunderts wurde geäußert, daß nach Art des Westchores nicht gebaut werden dürfte,[80] was Michelangelo wenig später motiviert haben mag, die Formen des Westchores geradezu trotzig aufzunehmen.

Bramantes Reaktion auf die Zumutung, einem Baukörper seine innovativste Energie widmen zu müssen, der seiner Gesamtidee widersprechen mußte, bestand darin, die Grundsteinlegung für den Neubau nicht etwa im Chorbereich, sondern am 18. April 1506 außerhalb der Mauern von Alt-St. Peter am südwestlichen Vierungspfeiler vorzunehmen. Mit der Fundierung dieses sogenannten »Veronika«-Pfeilers und kurz darauf auch des nordwestlichen »Helena«-Pendants legte Bramante einen Sprengsatz. Indem er den Chorplan des Papstes ausführte, ihn zugleich aber mit den Vierungsmaßen seines erweiterten Planes konfrontierte, verschärfte er den konzeptionellen Riß. Er wird gewußt und vermutlich auch gehofft haben, daß dieser Konflikt auf Kosten seines Chores gelöst werden würde. Als dieser im Jahr 1585 tatsächlich als eine Art Tribut für die Gesamtkonzeption zugunsten eines größeren Westarmes niedergelegt wurde,[81] fiel er einem langfristig angelegten Angriff des Neubaues auf sich selbst zum Opfer.

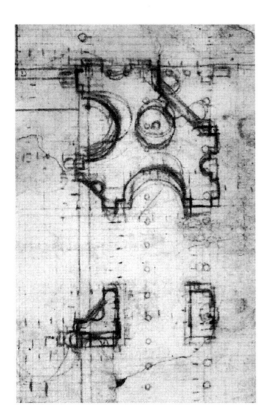

27 Südwestlicher Vierungspfeiler, Ausschnitt aus Abb. 19.

Die Vierungspfeiler gaben das nicht mehr hintergehbare Maß. Mit der Grundlegung der beiden östlichen Vierungspfeiler im April 1507 fielen die östlichen Querhauswände und die westlichen Langhausjoche von Alt-St. Peter, und damit drang das

28 Innenraum von Alt-St. Peter (Rekonstruktion von T. C. Bannister, 1968).

Neubauunternehmen von zwei Seiten zum Herz der konstantinischen Basilika vor. Das Blatt Uffizien 20 A *(Abb.19)* zeigt minutiös, wie von Bramantes Langzeitstrategie auch das weitere Langhaus betroffen sein sollte. Da die riesigen Kuppelpfeiler erlauben, um die Kreuzarmapsiden Umgänge zu lagern, die sich als innere Seitenschiffe in das Langhaus fortsetzen, fräsen sie die konstantinischen Säulenstellungen der Seitenschiffbegrenzung gedanklich fort *(Abb.27 und 28)*[82]. Als Bramante seine furiosen Eintragungen machte, muß er die riesigen antiken Säulen vor seinem inneren Auge förmlich wegsplittern gesehen haben, und vermutlich hat ihn nur wenig so sehr beglückt wie diese Vorstellung.

Der Überlieferung zufolge hatte Konstantin der Große diese Säulen vom Hadrians-Mausoleum entnommen. Wenn Bramante beabsichtigte, sie für den Säulenkranz seiner Kuppel wiederzuverwenden, so wäre dies der Präsentation einer Beute gleichgekommen.[83] Der Sieg über die Antike äußerte sich zunächst aber als materielle Vernichtung. Michelangelo verurteilte Bramante vor allem aus dem Grund als »Zerstörer«, daß er »das alte St. Peter niedermachte, jene wunderbaren, in dieser Kirche befindlichen Säulen zu Boden warf, ohne sich darum zu kümmern und ohne darauf zu achten, daß sie in Stücke gingen, und dies, obwohl er sie sachte niederlegen und ganz hätte erhalten können«.[84] Er bezog sich auf die beiden besonders kostbaren Säulen von über dreizehn Metern Länge, die unter Nikolaus V. in den Chor von Alt-St. Peter überführt worden waren. Als im Frühjahr 1507 mit den Abrißarbeiten begonnen wurde, sind sie entweder spurlos verkleinert oder in die riesigen Baugruben der Vierungspfeiler von Neu-St. Peter versenkt worden.[85]

Die vier Kuppelpfeiler bildeten den Schlüssel für das komplizierte Ineinander von Auf- und Abbau. Indem Bramante mit ihrer Hilfe den Westchor als Fremdkörper definierte, das Zentrum der alten Basilika traf und auch deren Langhaus zur Disposition stellte, machte er sie zum archimedischen Punkt aller weiteren Entwicklungen. Niemand mehr, selbst wenn er es gewollt hätte, wäre in der Lage gewesen, diesen Sprengsatz zu entschärfen. Die Kuppelpfeiler, in denen sich Bramante wie in keinem anderen Bauelement verewigt hat, bedeuteten in ihrem kurvigen Verlauf und der Auflösung ihrer Maße in Spannungen ein umwälzend neuartiges Stützelement, aber zugleich bildeten sie das zentrale Mittel von Bramantes Prinzip der »produktiven Zerstörung«. Sie sind das markante Symbol der janusköpfigen Geschichte von Neu-St. Peter.

Im Zeitraum von 1506 bis 1511 gelang es Bramante, die vier Kuppelpfeiler hochzutreiben, zwischen ihnen die riesigen vier Scheidbögen aufzuspannen und auch bereits die Pendentifs zu beginnen, über denen die Kuppel errichtet werden sollte. Vermutlich hat Julius II. erst während dieser Jahre begriffen, auf was er sich eingelassen hatte. Zwischen Julius und Bramante bestand zwar grundlegende Einigkeit über die Erneuerung von Alt-St. Peter, aber beide gewichteten die Etappen der Erreichung dieses Zieles auf unterschiedlich Weise. Julius II. wollte seine Grabkapelle und eine Neugestaltung des gesamten Westteiles der Basilika in absehbarer Zeit errichtet sehen,[86] während Bramante mit Hilfe der Kuppelpfeiler die Struktur seines Gesamtplanes zu festigen suchte.

Finanzprobleme trieben einen zusätzlichen Keil. Das Unternehmen war im Jahr 1505 konzipiert und 1506 gestartet worden, ohne daß ein lang- oder auch nur mittelfristiger Plan für die Sachmittel und die etwa zweihundertfünfzig Arbeiter vorgelegen hätte, und auch erhöhte Steuern auf die kirchlichen Besitzungen konnten die Finanznot nicht mindern. Am Tag der Grundsteinlegung gingen Bittbriefe, darunter an Heinrich VII. von England, in alle Welt.[87] Ab 1507 wurde ein ganz Europa überziehendes Ablaßsystem für den Neubau organisiert, das zwar gewaltige Mittel nach Rom brachte, die eigentliche Zweckbestimmung aber oft nicht erreichte. Von 22 000 Ablaßdukaten, die Julius II. allein zwischen Mai 1511 und März 1512 von den Fuggern empfing, gingen lediglich achthundert in den Neubau, und hier nicht etwa in das Gesamtunternehmen, sondern allein in den Westchor.[88]

Von 1511 an wurden die Arbeiten im Bereich der Vierung kaum mehr vorangetrieben. Es ist fast mitleiderregend, zu sehen, wie der Papst in den letzten Jahren in bezug auf den Neubau zu resignieren scheint, um wenigstens seinen ureigenen Wunsch, den Westchor, realisiert und dort sein Grabmal errichtet zu sehen. Dieser Stillstand kam einer aus Mutlosigkeit geborenen Sabotage des Vorhabens gleich, und er wirkte wie ein zweiter Angriff des Neubaues auf sich selbst. Die Entscheidung für den Weiterbau zunächst nur eines Bauteiles, des Westchores, fügte dem Gesamtplan einen nicht wieder gutzumachenden Schaden zu. Es dauerte Jahrzehnte, bis die Vierungspfeiler unter der Leitung Michelangelos erneut wieder in Angriff genommen wurden.

Die Kritiker Bramantes fanden angesichts des Stillstandes in den riesigen, fünfzig Meter hohen Kuppelpfeilern ihr griffiges Symbol. Sie konnten klammheimlich darauf hoffen, daß Bramantes Hebel zur Niederlegung der konstantinischen Basilika ihrerseits zu Grunde gehen würden. Der Zusammenbruch eines Teiles des Cortile del Belvedere im Jahr 1531 hatte Bramantes Ruf nicht verbessert, und man nahm an, daß Neu-St. Peter über kurz oder lang dasselbe Schicksal ereilen würde. Serlio schrieb 1540, daß Bramantes Modell in all seiner Schönheit niemals als gebaute Architektur bewundert werden könne, weil Bramante »eher kühn als behutsam« gewesen sei. Das Gewicht der Scheidbögen sei so groß, daß sie mit den Pfeilern und Pilastern bereits unter ihrem eigenen Gewicht zusammenbrechen würden.[89] Mit demselben Tenor unterstellte Condivi eine Mischung aus Verschwendungs- und Gewinnsucht; Bramante habe schlechtes Mauermaterial für viel zu große Wände verwendet, so daß seine Architektur einzustürzen drohe.[90]

Diese Urteile waren keinesfalls aus der Luft gegriffen. Bereits kurz nach dem Tod Bramantes, von Juli bis Oktober 1514, wurden unter der Leitung Fra Giocondos bei den Kuppelpfeilern von St. Peter Nachfundierungen vorgenommen,[91] die später wiederholt werden mußten. Während der im Jahr 1585 vollzogenen Sicherungsarbeiten im Bereich der Südpfeiler hätte der gerade errichtete Tambour Michelangelos abstürzen können. Bei einem der Vierungspfeiler hatte sich das Fundament durch unterirdische Bewegungen so gut wie aufgelöst.[92]

Die Probleme lagen am ungünstigen Untergrund und nicht an unsachgemäßer Statik, so daß sie auch einen weniger wagemutigen Architekten hätten treffen können. Das »langfristige Provisorium« des Westchores aber war von Beginn an ruinös. Im Mai 1507, ein Jahr nach Baubeginn, traf ein Besucher angesichts eines langen »Spaltes« das vernichtende Urteil, daß die »modernen Architekten« das Niveau der Antike niemals erreichen würden.[93] Als habe er durchaus einen Vergleich mit der Antike gesucht, aber nicht mit ihrer intakten Pracht, sondern mit dem Stimmungswert ihrer ruinösen Erscheinung, scheint Bramante wenig dafür getan zu haben, diesen Riß zu tilgen. Er wurde offenbar nur notdürftig geschlossen, denn 1585 hieß es erneut, der Chorarm sei »vollständig gespalten«.[94] Im selben Jahr wurde er niedergelegt und durch Michelangelos Chorlösung ersetzt, und damit war gut siebzig Jahre nach dem Tod Bramantes der Konflikt zwischen Papst und Architekt zugunsten des Baumeisters entschieden – um den Preis jenes einzigen Bauteiles, den er zu Lebzeiten so gut wie vollenden konnte.

2. Selbsterkenntnis und Außenkritik

Die Differenzen zwischen Julius II. und Bramante hatten sich an der Frage nach dem kurzfristig Realisierbaren entzündet. Der Papst wollte zuerst »seine« Chorkapelle und dann erst den Neubau, während der Architekt die Kapelle in Kauf nahm, um das Riesenwerk des Ganzen zu beginnen und unverrückbar zu fundieren. Wenn ab 1511 die Gelder nur mehr für die Chorkapelle flossen, so zeigt sich zu Lebensende des Papstes eine Mutlosigkeit, die auf die Entscheidung, das gesamte Unternehmen zu beginnen, nicht ohne Rückwirkung gewesen sein kann. Es drängt sich der Eindruck auf, daß Julius II. der erste und – uneingestanden – auch entschiedenste Kritiker der eigenen Tat gewesen ist.

Möglich wäre, daß Julius II. das Unternehmen nach der Grundlegung der vier Kuppelpfeiler nicht etwa unterstützt hat, weil er von ihm überzeugt war, sondern weil es nicht mehr auf den Ausgangspunkt zurückgebracht werden konnte. Daß er aber ab 1511 die Mittelzuwendung für den Neubau drosselte und zugleich auf den Ausgangspunkt des Westchores beschränkte, dieser fatale Einschnitt in die erste Bauetappe, könnte unbewußt vom Bestreben diktiert gewesen sein, das bereits Erreichte ungeschehen zu machen. Rational erklären läßt es sich nicht.[95] Die metaphysische Überhöhung, mit der Julius II. sich immer wieder für das Neubauprojekt feiern ließ, wirkt wie die Umkehrung eines Schuldgefühls.

Ein solches könnten ihm auch die zahlreichen in ganz Europa verbreiteten Aufforderungen bereitet haben, Ablaß für den Neubau einzutreiben. So sehr dem Papst der Geldfluß für den Haushalt willkommen war, so werden ihm die andauernden Wiederholungen seiner Ablaßbreven kaum Freude gemacht haben. Ein einziges Mal, in einem Schreiben an den polnischen König vom November 1508, scheint durch die Ebene der offiziellen Sprache im Gewand der üblichen Bußrhetorik eine persönliche Note durch. Julius II. erklärt, daß er nicht um Ablässe nachsuchen würde, »wenn nicht vor allem die Basilika der Apostel größtenteils eine Ruine sei, was uns mit Scham erfüllt, und eine unglaubliche Summe zur Wiedererrichtung verlangen würde«[96]. Das Schreiben klingt, als bräuchte der Papst selbst Zuspruch und Trost für einen Zustand, den er allein zu verantworten hatte, den er aber darstellt, als sei er über ihn gekommen wie ein Naturereignis.

Die Zeitgenossen scheinen von dem Einreißen der konstantinischen Basilika und der Erhabenheit von Bramantes Kuppelpfeilern überwältigt worden zu sein. Dennoch wurde Kritik laut, wie sie etwa Paolo Cortesi in *De cardinalatu* von 1510 formuliert hat.[97] Manchem Zeitgenossen erschien Neu-St. Peter als Vehikel einer geheimen Lust an der Vernichtung. Von vornherein war abzusehen, daß der Neubau Ruinen erzeugen würde: die der alten Basilika und die seiner selbst. Voll bitterer Ironie, und nicht ohne prophetische Gabe, vermerkte der päpstliche Sekretär Paris de Grassis, daß der Papst den Anblick von Ruinen und Bauwerken genoß, »die durch seinen Architekten demoliert werden, der Bramante oder besser ›Ruinante‹ (Zerstörer) heißt, wie er allgemein wegen der Ruinen und der Zerstörungen, die durch ihn sowohl in Rom wie überall geschehen, genannt wird«[98].

Nach seinem Ableben traf Julius II. die Satire. In einem 1513 verfaßten Dialog gab Petrus dem Papst an der Himmelspforte den Ratschlag: »Du hast eine Schar entschlossener Männer, Du hast viel Geld, Du bist selbst ein guter Architekt: baue Dir irgendwo ein neues Paradies.«[99] Die Ironie dieses *consilium* hat der Dichter Andrea Guarna in einem 1517 verfaßten Dialog auf Bramante übertragen und auf die Spitze getrieben. Scimia, Petrus' Dialogpartner, berichtet, daß Bramante auf dem Totenbett bestimmt habe, bis zu seiner Auferstehung von den Toten keine Entscheidung darüber zu treffen, wo die Tore von Neu-St. Peter postiert werden sollten; er selbst wolle sich dies in der Zwischenzeit überlegen. Als sich Bramante dann dem Himmelstor nähert, fragt Petrus: »Ist das der Zerstörer meiner Kirche?«, woraufhin er den bejahenden Kommentar erhält: »Er würde auch Rom und die ganze Welt zerstört haben, wenn er es vermocht hätte.« Bramante gibt jedoch alle Verantwortung an der Ruinierung Alt-St. Peters an Julius II., um nach längerem Dialog zu fordern, daß er den Himmel nur betreten würde, wenn er zunächst eine neue Treppe von der Erde zum Himmel bauen könne, die man ohne Beschwerden mit dem Pferd passieren könne; danach würde er die unbequemen und veralteten Gebäude der Seligen des Paradieses erneuern. Als Petrus darauf nicht eingeht, droht Bramante, daß er die Seiten wechseln, zum Gott der Hölle hinabsteigen und deren wegen des beständigen Feuers baufällige Architektur neu hochziehen würde.[100]

Neben die Satire der Dichter trat die Kritik der Historiker. So formulierte Raffaele Maffei in seiner Geschichte der jüngsten Pontifikate im Jahr 1520 gewichtige Einwände.[101] Sie wurden durch das Desaster des *Sacco di Roma* überlagert, wurden nach der Mitte des Jahrhunderts aber erneuert und gewannen schließlich systematische Züge einer kirchen- und kunstgeschichtlich fundierten Kritik.

Die größte Öffentlichkeit hatte Vasaris in den *Viten* geäußerte Bewertung. Ihm scheint es zunächst darum gegangen zu sein, Bramante von der Primärschuld freizusprechen, daß Alt-St. Peter zerstört wurde. Der Architekt, so Vasari, habe dem Papst seine Zeichnungen erst vorgelegt, nachdem er von dessen Willen gehört hatte, »die Kirche St. Peter niederzureißen, um sie neu wieder zu erschaffen«[102]. Andererseits attestierte Vasari gerade Bramante eine besonders unnachgiebige Haltung gegenüber dem konstantinischen Bau und dessen Inventar; er habe »einen so großen Wunsch« besessen, »dieses Gebäude niedergehen zu sehen, daß er in St. Peter viele schöne Dinge von den Papstgräbern, Gemälden und Mosaiken ruinierte, wodurch die Erinnerung verloren ging, die durch viele Bildnisse großer Personen, die in dieser Kirche als der ersten der gesamten Christenheit verteilt waren, erzeugt wurde«[103].

Aus diesen Worten spricht bereits die Kultur des Tridentiner Konzils. Autoren, die der Gegenreformation noch näher standen, hatten um so größere Probleme, die Niederlegung der konstantinischen Basilika zu akzeptieren. Die kritischen Stimmen schwankten zwischen Schuldzuweisungen an den Architekten oder den Papst. Um 1560, aus dem Abstand von fünfzig Jahren, berichtete der Augustinermönch und christliche Archäologe Onofrio Panvinio, daß die Niederlegung von Alt-St. Peter durch Bramante vorbereitet worden sei, der den Papst durch zahlreiche Grundrisse und andere Zeichnungen, andauernde Ansprachen und das Versprechen zukünftigen Ruhmes überzeugt habe.[104] Panvinio deutet hier das Gespinst einer Suggestion an, die in ihrer Mischung aus Produktivität und Schmeichelei ihren Teil beigetragen habe. Auf der anderen Seite läßt er an der Verantwortung des Papstes keinen Zweifel, zumal sich dieser bewußt gegen Widerstände durchgesetzt habe, die weit verbreitet und besonders unter den Kardinälen manifest gewesen seien.[105] Die Kritiker seien um so ernster zu nehmen gewesen, als sie ihre Einwände wohl abgewogen vorgebracht hätten: »Nicht, daß sie nicht geschätzt hatten, daß die neue Basilika in höchster Prächtigkeit errichtet wird, sondern sie klagten, weil die alte, durch so viele höchst ehrwürdige Gräber der Heiligen und so viele gefeierte Dinge auf dem ganzen Erdkreis verehrte, von Grund auf (...) vernichtet wird.«[106] Ein um so schärferes Licht wirft Panvinio auf Julius II., der »in halsstarriger Entscheidung die Hälfte der alten Basilika niederwarf, damit sich die Fundamente des neuen Baues erhöben«[107]. Inwieweit Panvinio in diesem Rückblick eine allgemeine Stimmung konstruiert hat, um seine eigene, kritische Haltung gegenüber dem Abriß Alt-St. Peters durch einen Bezug auf Stimmen der Zeit von Julius II. abzusichern, ist schwer zu erschließen. In jedem Fall hat er die kritischen Stimmen seiner eigenen Zeit bestärkt.

Der Kardinal Cesare Baronio erkannte in der Zerstörung der konstantinischen Basilika einen irreparablen Verlust der Kirchengeschichte,[108] und Paolo Emilio Santoro sah die Schuld bei den Päpsten, die mit dem Neubau von St. Peter gezeigt hätten, daß sie eher auf den irdischen als den himmlischen Ruhm orientiert wären. Das Unternehmen in Gang gesetzt und Alt-St. Peter niedergerissen zu haben, sei die höchste Sünde von Julius II. gewesen.[109]

Filippo Bonanni schließlich suchte den Papst mit dem Argument in Schutz zu nehmen, daß sich dieser unaufhörlich um die Wertschätzung und Bewahrung der religiösen Überreste von Alt-St. Peter gekümmert habe. Bonanni wird aber selbst geahnt haben, daß dies eine durchsichtige Beschönigung war, zumal er seinen Bericht mit den Worten einleitete: »Damit also der Bau recht bald erstehe und der dafür vorgesehe Ort leicht zugänglich sei, wurde auf Befehl des Papstes die Hälfte der alten Basilika gänzlich zerstört.«[110]

3. Schutzarchitektur und gezeichnetes *Utopia*

Die traditionsorientierten Vertreter der Gegenreformation hätten die Kritik an der Niederlegung des konstantinischen Baues nicht derart massiv vorbringen können, wenn die Baugeschichte von Neu-St. Peter nicht ein solches Desaster gewesen wäre, das wie eine Art Quittung für die verwerfliche Tat wirken mußte.

Wenn, wie Guarna in seiner Satire berichtete, Bramante so lange vor der Paradiestür warten sollte, bis Neu-St. Peter vollendet wäre,[111] so hätte dieser wohl verflucht, jemals den ersten Stein gesetzt zu haben. Denn der Bau kam kaum voran. Die im Süden noch zu Lebzeiten Bramantes, aber bereits unter Leo X. (März 1513–Dezember 1521) begonnenen Konterpfeiler, die das Maß

29 Anonym, Blick durch das Langhaus auf die Vierung von St. Peter, Zeichnung, nach 1563. Hamburg, Kunsthalle, Kupferstichkabinett, Nr. 21311.

des Querhauses und des südlichen Seitenschiffes vorgaben *(Abb. 24)*, ließen zwar »riesige Mauern« erahnen, aber zunächst machten sie dem Rundbau von S. Petronilla den Garaus; Bonsignore Bonsignori berichtet, daß ein Fundament des Pfeilers über der Kapelle S. Petronilla gelegt worden sei, »zum Lobe Gottes«[112]. Dieser Rundbau, Ende des vierten Jahrhunderts als Mausoleum für die Frau des weströmischen Kaisers Honorius errichtet, hatte sich an S. Maria della Febbre, der in unmittelbarer Nachbarschaft liegenden Rotunde aus severischer Zeit, orientieren können. Der Bau war in karolingischer Zeit der heiligen Petronilla geweiht worden *(Abb. 14, 15, 47)*[113]. Indem S. Petronilla geopfert wurde, fiel ein Vermittlungsglied zwischen der Kirche, den Karolingern und der weströmischen Kaiserdynastie.[114] Bonsignori, der bereits den Bramante-Chor mit spitzen Bemerkungen versehen hatte, fand im Mißverhältnis zwischen dem Abriß der Rotunde und der Grundsteinlegung des Pfeilers die ironische Wendung, daß man »St. Peter ruinierte und neu beginnen ließ«[115].

Das letzte Werk Bramantes beendete die Hoffnung, den Neubau zügig hochzuziehen. Nachdem im Jahr 1506 die Decke von Alt-St. Peter im Bereich der Vierung abgetragen worden war, blieben der Hochaltar, der Papstthron und das Grab Petri der Witterung und dem Staub des Baubetriebes ausgesetzt. Das Allerheiligste kam in einen wüsten Zustand, und die Messe konnte bisweilen nur unter starken Beeinträchtigungen stattfinden; mehrfach beendeten Regen und Wind die Zeremonien, und immer wieder konnten die Kerzen nicht angezündet werden. Gegen Ende der Amtszeit verlagerte sich der Ort der Hauptmessen in die Seitenkapelle Sixtus' IV., die als relativ geräumiger, abgeschlossener Raum die Funktion der alten Basilika zu einem Teil übernahm.[116]

Möglicherweise kam Julius II. dieser Ortswechsel in die Familienkapelle nicht ungelegen, so daß er keine Gegenmaßnahmen ergriff, aber Leo X. entschied bald nach Amtsantritt, der würdelosen Situation abzuhelfen. Zwischen Pfingsten 1513 und Ostern 1514, also im letzten Lebensjahr des am 11. März 1514 verstorbenen Bramante, wurde das *tegurium* errichtet, das dem Hochaltar und dem Papstthron eine Überdachung geben sollte.[117] Ein Blatt aus den sechziger Jahren zeigt dieses Schutzhaus mitsamt seiner Um- und Anbauten der Jahre 1519 und 1526 als eine höchst eindrucksvolle Kleinarchitektur, deren drei Achsen die Struktur von Triumphbögen aufnehmen *(Abb. 29)*[118]. Mit dieser verqueren Summe seiner Aktivitäten in St. Peter hat Bramante wie bereits bei dem Westchor neue Ordnungssysteme entwickelt. Der Grund wird derselbe gewesen sein: Da mit diesen Bauwerken die Hoffnung verbunden war, so bald als möglich überflüssig zu werden, bot sich Bramante auch bei diesem Provisorium eine gesteigerte Möglichkeit des Experimentierens.[119]

30 Bramantes von Raffael ergänzter Grundriß von Neu-St. Peter. Nach: Sebastiano Serlio, *Terzo libro*, 1530, S. XXXVII.

Provisorien der Architektur aber halten bisweilen länger als auf Dauer angelegte Bauten. Nachdem Raffael noch auf Vorschlag Bramantes am 1. April 1514 die Leitung der Baustelle übertragen wurde, geschah auf der Baustelle wenig, was die Hoffnung hätte nähren können, daß der Hochaltar das *tegurium* nicht mehr nötig hätte. Gebaut wurde in den Jahren der Leitung Raffaels an den Fundamenten, den Durchgängen und der Außengliederung des südlichen Querarms, der Cappella del Re di Francia (*Abb.31*). Von den Baumaßnahmen Raffaels zeugen heute nur mehr die kostbar kassettierten, zwischen Kreuzarmen und Nebenkuppeln vermittelnden Tonnengewölbe.[120]

Im übrigen scheint Raffael den Neubau betrachtet zu haben, als läge seine Bestimmung nicht darin, vollendet zu werden, sondern Zeichnungen zu provozieren – die er vor allem von dem ab 1516 als Mitarbeiter bestallten Antonio da Sangallo ausführen ließ. Raffael muß sich in einer durch humanistische und protestantische Einwände noch unbeeinträchtigten Hochstimmung befunden haben, die sich aus der Verfügung über ungeahnte Geldmittel speiste: »Welcher Ort«, so fragte er rhetorisch am 1. Juli 1514, »könnte mehr Ehre bringen als Rom und welches Unternehmen mehr als St. Peter, der erste Tempel der Welt, und die größte Baustelle, die man je sah? Sie wird auf mehr als eine Million kommen; und denkt nur, daß der Papst bestimmt hat, jährlich 60 000 Dukaten für dieses Bauunternehmen aufzuwenden, und hiervon wird er niemals abgehen.«[121] Mit dieser Aussicht auf großzügige Geldmittel wurde St. Peter zu eine Schule der architektonischen Phantasie, wie sie vermutlich kein europäisches Bauwerk zuvor oder danach provoziert hat.[122]

Wenn Raffael bei seinen Planungen mit dem Bramante-Chor den einzigen bereits vollendeten Trakt geradezu notorisch übersah, so ist dies ein weiteres Zeichen dafür, daß er St. Peter vor allem als Wunschmaschine seiner Phantasie

31 Marten van Heemskerck, Blick auf Raffaels Umgang des südlichen Querarmes. Berlin, Stiftung Preußischer Kulturbesitz, Kupferstichkabinett, Heemskerck-Skizzenbücher II, fol. 54 r.

ansah. Ihm kam entgegen, daß der Medici-Papst an hochfliegenden Gesamtkonzepten interessiert war – wohl auch, um mit ihrer Hilfe zusätzliche Gelder einwerben zu können.[123] Dies erlaubte Raffael, gedanklich die Diskrepanz zwischen dem Westchor und dem Restbau zu bereinigen, indem er das Gesamtprojekt Bramantes in groben Zügen reaktivierte. Er verlängerte den Westchor in die urspüngich beabsichtigte Ausdehnung und löste die offene Frage des Abschlußes zur Stadt hin, indem er für das dreischiffige Langhaus fünf Joche vorsah. Als Serlio der Planungsgeschichte von Neu-St. Peter nachging, wies er Bramantes letzte Vision als durch Raffael vollendet aus, so daß der Holzschnitt seither als Bramante-Raffael-Grundriß firmiert *(Abb. 30)*[124].

Nach dem Tod Raffaels im Jahr 1520 sahen Antonio da Sangallo, der zum Nachfolger bestimmt wurde, und Baldassarre Peruzzi, der den Posten des zweiten Architekten erhielt, Gelegenheit, sich aller bisherigen Konzepte zu entledigen. Sangallos weder das Gesamtkonzept noch die Details auslassende Kritik am Vorhaben Bramantes und Raffaels mündete in eine Korrektur des zu schmalen und zu gleichförmigen Langhauses, dem er nach zahllosen Studien durch eine zweite Kuppel eine eigene Spannung zu vermitteln suchte.[125]

Peruzzi dagegen entwickelte ein Vasari zufolge »großartiges und wahrhaft geniales« Modell, das dem gewandelten Wunsch Leos X. entgegenkam, den Bau nach den Vorgaben Bramantes, aber in kleinerem Umfang fertigzustellen.[126] Vermutlich bezog sich Vasari auf Peruzzis Idee, statt eines Richtungsbaues einen Zentralbau zu errichten, der weniger kosten würde und folglich eine gewisse Chance hätte, vollendet zu werden. Peruzzis in Serlios Architekturtraktat wiedergegebene Alternative eines Lang- und eines Zentralbaues geht wohl auf diese Situation zurück.[127] Gebaut aber wurde wiederum wenig. Bis 1527 wurde lediglich die unter Raffael begonnene Apsis des südlichen Querarmes bis zum ersten Stockwerk hochgezogen *(Abb. 31)*.

Als wollte sich die alte Basilika rächen, näherte sich der Zustand von Neu-St. Peter nach dem *Sacco di Roma* von 1527 den antiken Ruinen an. Der Blick von Marten van Heemskerck aus der Mitte der dreißiger Jahre *(Abb. 32)* geht von Süden auf den links außen situierten Bramante-Chor und die folgenden sich auftürmenden Vierungsbögen, während in der Mitte das Langhaus von Alt-St. Peter aufragt, rechts davor die Fläche des Atriums ummauert ist und schließlich der Glockenturm und die Loggia della Benedizione die westliche Fassade des gesamten Komplexes markieren. Zwischen dem offenen Vierungsbogen des neuen Bauwerkes und dem Langhaus der alten Basilika klafft eine Lücke, die den Kontrast zwischen den intakten Resten von Alt-St. Peter und den unfertigen Teilen des neuen Bauwerks besonders schmerzlich aufscheinen läßt.[128]

Bei seinem ausdrucksstärksten Blatt hat Heemskerck den von Norden auf den Neubau gerichteten Blickwinkel so gewählt, daß dessen ruinöser Charak-

32 Marten van Heemskerck, Blick von Süden auf St. Peter. Berlin, Kupferstichkabinett, Heemskerck-Skizzenbücher II, fol. 51r.

33 Marten van Heemskerck, Blick von Norden auf St. Peter. Berlin, Kupferstichkabinett, Heemskerck-Skizzenbücher I, fol. 13 r.

ter bis in die hinteren Zonen sichtbar wird; der Betrachter blickt gleichsam in einen Kadaver, der nur noch mühsam vom architektonischen Skelett gehalten wird *(Abb. 33)*[129]. Die Mauern vorn rechts sind im Verfall begriffen, der linke Vierungspfeiler ragt wie ein Stumpf in den Himmel, und die Vegetation beginnt sich des Monstrums zu bemächtigen. Über dem nordwestlichen Vierungspfeiler hat Heemskerck einen Baum als ein besonders markantes Zeichen des Sieges der Natur über die Architektur festgehalten, als wolle er der protestantischen Gleichsetzung Roms mit Babel die Turmmetapher hinzufügen: Wie Gott der menschlichen Hybris durch die Zerschlagung des Turmes von Babel Einhalt geboten habe, so sei auch der Bau von St. Peter durch eine höhere Macht vereitelt und durch den Sieg der Natur in seinem Abbruch besiegelt worden.[130]

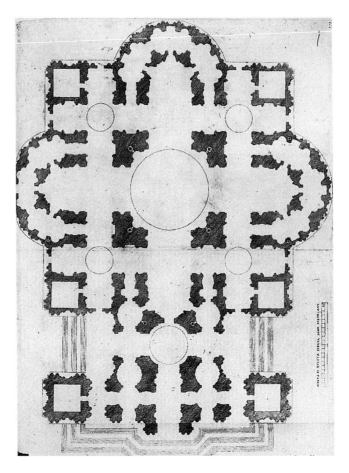

34 Grundriß von Antonio da Sangallos Holzmodell,
Stich von Antonio Salamanca, 1549.

4. Sangallos Holzfetisch

Ein Neubeginn kam erst über einen Umweg in Gang. Es war der kirchenpolitische Zwang, das Gebäude endlich neu in Angriff zu nehmen und in absehbarer Zeit fertigzustellen, der den greisen Paul III. (Oktober 1534 – November 1549) veranlaßte, einen kompakten Zentralbau zu fordern.[131] Mit Antonio da Sangallo wurde im Jahr 1536 ein auf technische Fragen spezialisierter Baumeister zum alleinigen Leiter der *Fabbrica*, und mit ihm schien die Gewähr gegeben, daß St. Peter vollendet werden könnte.

Aber auch Antonio da Sangallo, dem doch der Ruf eines auf das Machbare ausgerichteten Baumeisters vorausging, führte unter umgekehrten Vorzeichen eine Neuauflage jenes Konfliktes auf, den Bramante und Julius II. nicht hatten lösen können. Angewiesen, einen reduzierten Zentralbau zu entwerfen, erarbeitete Sangallo um 1538 eine Mischform aus Richtungs- und Zentralbau.[132] Von 1539 bis 1546 ließ er durch Antonio Labacco und zahlreiche Assistenten und Handwerker, die schließlich vierundzwanzig Stunden hindurch am Werk waren, das riesige Holzmodell dieses Zwitters errichten.[133]

35 Holzmodell St. Peters von Antonio da Sangallo. Rom, St. Peter, Depot; Aufstellung im Alten Museum, Berlin, 1995 (Photo: Barbara Herrenkind).

36 Außenansicht von Antonio da Sangallos Holzmodell von Norden.
Stich von Antonio Labacco, 1546.

Der Grundriß wiederholt im Westen im wesentlichen den Plan Bramantes, und von innen war kaum zu erkennen, daß im Osten noch ein Vestibül und eine riesige, von zwei Türmen begleitete Benediktionsloggia folgen sollten *(Abb.34)*[134]. Der doppelpolige Charakter dieser Anlage erschließt sich aus südlicher Sicht *(Abb.35)*: Rechts im Westen residiert der Zentralbau mit der riesigen Vierungskuppel und den Nebenkuppeln, von dem die östliche Loggia mit den beiden Türmen durch eine tiefe, taillenhafte Einschnürung getrennt ist. Der von Antonio Labacco gefertigte Stich *(Abb.36)*[135] der Ansicht von Norden läßt die Zweiteilung des Bauwerkes in der Flächenprojektion noch deutlicher hervortreten. Die Ausarbeitung selbst noch der geringsten Details war vom Bestreben bestimmt, nun endlich ein Modell zu bauen, das durch seine Perfektion überzeugen und auch nach der Amtszeit Pauls III. weiterwirken würde.

Der Preis für dieses Vorgehen war aber, daß sich der Neubeginn des Neubaues als fetischhafte Ersatzhandlung vollzog,[136] die, selbst wenn der Gesamtplan nicht gelingen sollte, ähnlich dem Pergamentplan Bramantes zumindest als Willenserklärung Architekturgeschichte schreiben würde. Diese hat sich tatsächlich erfüllt. Sangallos Kuppel ist ein Gedankenkunstwerk besonderer Art. Indem sie die erste Ovalwölbung entwickelt, die in ihrer Statik durchdacht und

37 Giorgio Vasari, Paul III. als Bauherr von St. Peter. Rom, Palazzo della Cancelleria, Sala dei Cento Giorni.

in ihrer arithmetischen Konstruktion berechnet wurde, bildet sie das früheste Beispiel einer mathematisch unterstützten Praxis des Bauens.[137] Vasari und das Gros der humanistisch gesinnten, sich als aristokratische Künstler-Architekten verstehenden Baumeister haben Sangallos Bemühung als niveau- und ideenlosen Ansatz verachtet, aber das Holzmodell, für das viertausendfünfhundert Scudi aufgewendet wurden – eine Summe, mit der man eine komplette Kirche hätte errichten können[138] –, hat doch zumindest als Ausgangspunkt architektonischer Grundlagenforschung einen hohen Rang. Nirgendwo in Europa war eine derart große Baustelle vorhanden, die vergleichbar vielen, hochqualifizierten Personen über einen langen Zeitraum die Gelegenheit bot, die Praxis systematisch zu erforschen. Wenn Sangallos Konzept in ästhetischer Hinsicht auch ein Irrweg war, so ist doch festzuhalten, daß es für die Ausbildung einer fundierten Bauwissenschaft Überragendes geleistet hat. Auch dies stand auf dem Spiel, als sich die Erben Sangallos später mit Klauen und Zähnen gegen ihre Zurücksetzung zu wehren suchten.

Zusätzlich zu dem großen Holzmodell entstand unter Sangallos Leitung der östliche Kreuzarm bis zum Langhaus von Alt-St. Peter, so daß der Kompositkörper aus Neu- und Altbau geschlossen wurde. Eine 1538 errichtete Zwischenwand trennte und verband die beiden Bauteile,[139] und diese Situation blieb bis 1605 gewahrt *(Abb. 43)*. Schließlich wurde die von Raffael begonnene südliche Querhausapsis weitergebaut *(Abb. 31)*. Diese Wiederaufnahme des Baubetriebes nach der Zäsur des *Sacco di Roma* wurde als eine zweite Grundsteinlegung begriffen. Auf dem Fresko Vasaris in der Cancelleria von 1546 *(Abb. 37)* erscheint Paul III. in alttestamentlicher Priestertracht als der Erneuerer des alten Tempels, mit der Rechten Sangallos Grundriß berührend und mit der Linken auf den südlichen, in Arbeit befindlichen Querarm weisend, neben dem links im Westen Bramantes Chor als Kontrast zu erkennen ist.[140] Vom Süden her schien St. Peter eine neue Statur zu gewinnen.

IV   MICHELANGELOS STRATEGIEN

1. Die Ausschaltung des Sangallo-Modells

Dank einer weiteren Ironie der Geschichte wurde dem einundsiebzigjährigen Michelangelo nach dem Tod Sangallos am 26. September 1546 vermutlich im November desselben Jahres die Oberleitung über den Baubetrieb von St. Peter übertragen, obwohl durch vorherige Konflikte sattsam bekannt war, daß die Anhänger Sangallos zu seinen entschiedensten Gegnern gehörten. Die Ernennungsurkunde erhielt er am 1. Januar 1547.

Daß Michelangelo seinen eigenen Stil entwickeln würde, war vorherzusehen, aber niemand wird den Paukenschlag erwartet haben, mit dem er Anfang Dezember 1546 die wohl einschneidendste Wende in der an Planänderungen so überreichen Geschichte von Neu-St. Peter vollzog. Die Chronologie der Ereignisse ist durch Berichte aus der Baukommission, geformt aus den *Deputati della Reverenda Fabbrica di San Pietro*, auf Tage genau rekonstruierbar. Die Nachrichten gingen von Giovanni Arberino und Pietro de' Massimi an Filippo Archinto, Bischof von Sansepolcro, der Ende November 1546 zum Tridentiner Konzil abgereist war und als eines der führenden Mitglieder der Kommission über jeden der Schritte des neuen leitenden Architekten unterrichtet zu sein wünschte. Bereits das Schreiben vom 2. Dezember 1546 enthielt Ungeheuerliches. Nachdem Michelangelo über die Dauer weniger Tage Entwurfzeichnungen hatte anfertigen lassen, hatte er Antonio Labacco, den Schöpfer von Sangallos Holzmodell, und Nanni di Baccio Bigio, den ersten Architekten nach Sangallo, zu sich kommen lassen, um ihnen die Entlassung mitzuteilen. Zugleich hatte er sich geweigert, vor der Baukommission zu erscheinen, da er allein mit dem Papst zu reden habe.[141] Nach einem weiteren Bericht sah Archinto alle, die sich an der Errichtung von St. Peter beteiligt hatten, durch das Verhalten Michelangelos zu »Eseln« degradiert. Er forderte zum Widerstand auf allen nur möglichen Ebenen auf.[142]

Seine Wortwahl markiert den Stil, mit dem die beiden Parteien miteinander umgingen, wobei Michelangelo als der zunächst alleinstehende Angreifer in seinen rhetorischen Attacken so bedacht wie rücksichtslos vorging. Vasari berichtet, daß Michelangelo bei Besichtigung des in siebenjähriger Arbeit entstandenen Holzmodells die gesamte »Sangallo-Sekte« traf, die ihre Erwartung vorbrachte, »daß dieses Modell eine Wiese war, die niemals aufhören würde, den Weidegrund abzugeben«. Michelangelos zustimmend ironische Antwort bekundete, daß dies ohne Frage für die Sangallo-Architekten zuträfe, die wie die »Schafe und Ochsen die Kunst nicht begreifen«[143].

Michelangelo setzte seine ätzende Sprachmacht nicht das erste Mal gegen ein konkurrierendes Architekturprojekt ein; so hatte er Baccio d'Agnolos Laufgang um die Kuppel des Florentiner Domes als »Grillenkäfig« *(gabbia da grilli)* verspottet und dessen Entwurf für die Fassade von San Lorenzo als »Kinderkram« *(cosa da fanciugli)* so lächerlich gemacht, daß beide Vorhaben abgebrochen wurden.[144]

Im Fall von St. Peter aber war für Michelangelo mehr im Spiel als nur eine Mischung aus künstlerischer Überzeugung und Eigennutz. Er reagierte so scharf, weil im Bild des »Weidens« auch ein unverhohlenes Angebot zur Vorteilsnahme steckte. Mit dem Holzmodell Sangallos, in dem sich viele Jahre an Überlegungen und Vorarbeiten der bedeutendsten Architekten der Renaissance verdichtet hatten, standen die Einkommen, Pfründe, Ansehen und Karrieren einer großen Zahl von Bankiers, Bauunternehmern, Architekten, Ingenieuren und Handwerkern auf dem Spiel. Dies veranlaßte Michelangelo zum Ausspruch, daß die »Baustelle ein Geschäft und ein Verdienstmittel war, das man hinauszuzögern trachtete, um es niemals zu einem Ende zu bringen«[145]. Auch Condivi berichtet, daß Michelangelo angesichts der Ausmaße des Modells der Meinung gewesen sei, daß man eher den Tag des Jüngsten Gerichtes als die Fertigstellung der Kirche erwarten könne.[146] Durch die riesigen Ausmaße der Peterskirche Sangallos stellte sich Michelangelo als weiteres Problem die Unübersichtlichkeit. Er suchte sie durch die Satire lächerlich zu machen, daß St. Peter mit seinen dunklen Ecken ein Ort würde, an dem Verbrecher unterschlüpfen, Falschmünzer Geld drucken und Vergewaltiger Nonnen schwängern könnten.[147]

Michelangelos Vorbehalte haben wahrscheinlich bereits am Medium des Holzmodells angesetzt. In dem hölzernen Architekturmodell muß er jenen fixierenden Zug erkannt haben, der seinem organischen Bild der Architektur widersprach. Wer Holzmodelle nötig hatte, scheint für ihn von vornherein ein kleinlicher Pedant gewesen zu sein. Und indem Sangallos Modell bemalt war, mag es für ihn zudem Albertis Kritik erfüllt haben, »die Sache eines Ehrgeizlings« zu sein, »der nur die Augen des Betrachters täuschen und die Aufmerksamkeit von der rechten Anordnung der zu prüfenden Teile ablenken will, um sie auf seine Bewunderung zu ziehen«[148].

In seiner Polemik gegen die Pedanterie der zeitgenössischen Architektur verteidigte Michelangelo seine Auffassung, »daß die Glieder der Architektur von den Gliedern des Menschen abhängen. Wer nicht ein Meister in der Figurenkunst war oder ist, und vor allem in der Anatomie, kann sie nicht begreifen.«[149] Der Architekt verstand sich zuerst als Bildhauer. Michelangelos skulpturales Vorgehen war durchweg von einer suchenden, offenen Auseinandersetzung mit Stoff und Aufgabe geprägt. Seine Vorstellungskraft erlaubte ihm, sich im Imaginären eines projektierten Baukörpers so traumwandlerisch sicher zu bewegen wie in einem noch nicht zugeschlagenen Marmorblock. Das Diktum, daß der Prozeß das Ziel sei, war für ihn keine Floskel. Wenn der Abschluß eines Werkes den Tod des Schaffensvorganges bedeutete, dann mußte für ihn bereits die Herstellung eines verbindlichen Modells den Beginn dieser Mortifikation bewirken. Jedes Modell, das nicht etwa eine Etappe des Suchens festhielt, sondern das Ende des Vortastens besiegelte, hat Michelangelo irritiert. Hierin wird der Grund gelegen haben, daß er zwar auch Holzmodelle verwendete, sein bevorzugtes Modellmedium aber knetbarer Ton war. Vermutlich hat er sowohl sein erstes Alternativmodell wie auch das erste Modell der Kuppel von St. Peter in Ton ausgeführt,[150] und selbst nachdem er drei Jahre an seinem großen Holzmodell gearbeitet hatte, muß er dieses zumindest für sich selbst eher als das Modell eines Modells denn als Fixpunkt des zu Errichtenden erachtet haben. So hat er sich nicht nehmen lassen, in gravierenden Punkten wie zum Beispiel der Anordnung der Tambour-Fenster bis zuletzt vom Holzmodell der Kuppel abzuweichen, wie er überhaupt darauf bedacht war, die Umwelt über seine Pläne im unklaren zu lassen, um nicht selbst unter den Druck des öffentlich Festgelegten zu geraten. So weit als möglich hat Michelangelo versucht, die Modelle nicht als Vorausgriffe, sondern als Nachgedanken des bereits im Bau Befindlichen oder bereits Errichteten zu begreifen; so hat er die Modelle des Tambours in den Jahren 1557 und 1558–61 geschaffen, als dieser bereits zügig in Arbeit war.[151]

In Michelangelos Kritik der Formen von Sangallos Modell deutet sich eine Materialkritik des Holzes auch darin an, daß es nach Verfeinerung und Verästelung verlangte. Michelangelo, so berichtet Vasari, habe »öffentlich zu sagen gepflegt«, daß das Modell Sangallos »außen zu viele Säulenreihen übereinandergestellt habe und daß es mit seinen übervielen Vorsprüngen, Spornen und

65

dem Gemenge von Gliedern eher an die deutsche als an die gute antike oder die anziehende und schöne moderne Manier erinnere«[152].

Michelangelo verwies mit seiner Polemik die Frucht siebenjähriger Planungsarbeit in die Abstellkammer von St. Peter. Zwar bestach die Wandgliederung von Sangallos Modell durch die Verwendung weniger Module, aber dieses Verfahren erinnerte in seinem additiven Zug eher an Baukästen denn an raumbildende Architektur, und die Zusammenstellung von Zentralbau, eingeschnürtem Vestibül und ausladender Fassade mußte Michelangelo als Kompositum unvereinbarer Körper empfinden.

Schließlich nutzte er gegen Sangallos Modell jenes Argument, das Bramante getroffen hatte und das auch gegen ihn selbst gerichtet werden wird: ein großer Zerstörer zu sein. In einem Brief von 1546/47 teilte er seine Überzeugung mit, daß die Verwirklichung von Sangallos Modell »bewirken würde, daß die Kapelle Pauls, die Zimmer des Piombo, der Gerichtshof und viele andere abgerissen würden; ungeschoren, glaube ich, käme nicht einmal die Sixtinische Kapelle davon«[153]. Sangallos Projekt hätte keinesfalls so expansiv gewirkt, wie Michelangelo es sich ausmalte; in jedem Fall aber bezeugt sein Alptraum jenes Klima, in dem vorhandene Gebäude kein Hinderungsgrund für die Errichtung moderner Bauten spielten. Leicht ist vorzustellen, welche Pein ihm allein schon der Gedanke bedeutet haben muß, daß die Sixtinische Kapelle in Mitleidenschaft geraten wäre. Als Nachsatz äußert Michelangelo schließlich die Befürchtung, daß bei Verwirklichung von Sangallos Modell all das abgerissen werden müßte, was unter Bramante gebaut worden sei: »was ein großer Schaden wäre«[154].

2. Der fragile Souverän

Michelangelo begann die Realisierung seiner Gegenvorstellung jedoch seinerseits, wie noch alle am Neubau Beteiligten angesetzt haben: mit einem Abriß. Da er den Bau in reduzierter Form in einer realistischen Zeit hochziehen wollte, legte er sofort Hand an das Konzept, die Kuppelapsiden mit riesigen Umgängen zu umfangen. Seine Initialtat war die Niederlegung des unter Raffael begonnenen und von Sangallo weitergebauten Umganges der Südapsis und die Umwandlung des bereits gebauten Inneren *(Abb. 31 und 37).*[155]

Michelangelo wußte, welchen Stachel dies für die Mitarbeiter der Baustelle bedeuten mußte, die durch die Schule Sangallos gegangen waren und fast ausschließlich zu dessen Anhängern gehörten. Er wird aber kaum erwartet haben, mit welcher Insistenz und Zähigkeit sich diese wehren würden. Sie hatten sich als konkurrenzlos erachtet, weil sie den Bau bis in alle Details hinein kannten und beträchtliche Erfolge aufzuweisen hatten. Nanni di Baccio Bigio, einer der langjährigen Mitarbeiter und Erbhüter Antonio da Sangallos, schien bis zur Ernennung Michelangelos der geborene Nachfolger. Nanni hatte bei den Baudeputierten eine ausgesprochen starke Stellung, und als Michelangelo bekundete, mit niemandem Verantwortlichen zusammenarbeiten zu wollen, der noch aus der Sangallo-Zeit stamme, suchten Mitglieder der Baukommission, wenigstens Nanni die Entlassung zu ersparen. Am 11. März 1547, als die Sangallo-Anhänger in einer erbitterten Aussprache vor Paul III. beklagten, daß Michelangelo mit der Verkleinerung des Sangallo-Plans aus St. Peter ein kleines »San Pietrino« machen, nichtsdestotrotz aber mehr als 100 000 Scudi zum Fenster hinauswerfen würde, antwortete der so Beschuldigte mit einer nochmaligen Bekräftigung seiner alleinigen Hoheit über den Bau, um anschließend Nanni einen kleinen Gauner, *tristarello*, zu bezeichnen.[156] Die Baudeputierten weigerten sich dennoch, Nanni zu entlassen, worüber Michelangelo sich offenbar mit einer solchen Schärfe bei Paul III. beklagte, daß dieser den Vertreter der Kommission Arberino am 5. Mai 1547 zu sich bestellte, ihn von fünf Uhr nachmittags bis nachts um 11 warten ließ und ihm dann befahl, Nanni den Zutritt zur Baustelle zu untersagen. Auch dies aber bewegte die Kommission nicht, ihn seines Postens zu entheben; vielmehr wurde er außerhalb der Sichtweite Michelangelos eingesetzt.[157]

Der tief verletzte Nanni vermochte nicht, auf die günstige Gelegenheit von Fehlern Michelangelos zu warten, sondern verbreitete sofort, daß Michelangelo »nichts von Architektur« verstünde, so daß er »verrückte Dinge und Kinderkram« fabrizieren würde.[158] Damit war jener Vorwurf, den Michelangelo gegen Baccio d'Agnolos Florentiner San-Lorenzo-Modell gerichtet hatte, als Retourkutsche zurückgekehrt, daß Michelangelos Verkleinerung von Neu-St. Peter *cose da bambini* produzieren würde. Schwerwiegender als diese Beleidigung war Nannis Behauptung, daß Michelangelo den Neubau in eine »Ruine« verwandeln und damit – wie man sich hinzudenken konnte – jenen Zustand erzeugen würde, den Sangallo und seine Mitstreiter vorgefunden und beseitigt hatten.[159] Nanni erreichte sein Ziel, selbst zum ersten Architekten ernannt zu werden, nicht, aber es kostete Michelangelo elf Jahre, Nanni von St. Peter ganz zu entfernen, und auch dies gelang ihm nur auf dem Papier.[160]

Die Verhältnisse auf der Baustelle wurden durch diesen Konflikt um so schwerer belastet, als sich keine der Parteien entscheidend durchsetzen konnte.

Michelangelo war mit 72 Jahren zum ersten Architekten von St. Peter gemacht worden, und dieses Alter war ein einleuchtender Punkt der Kritik seiner Kontrahenten, die immer wieder verbreiteten, daß er den Anforderungen der Baustelle körperlich und geistig nicht mehr gewachsen sei. Schon im Dezember 1546, also noch bevor Michelangelo seine offizielle Ernennungsurkunde in den Händen hielt, hatte Francesco Pallavicino, Bischof von Aleria und Genua, als Mitglied der Baukommission das Stichwort gegeben, daß Michelangelo für seine Aufgabe nicht gerüstet und zu alt sei: »Ich sage nicht, daß besagter Michelangelo nicht eine gute Person sei, auf seinem Gebiet einzig in der Welt, aber man muß bedenken, daß er alt ist und gemäß dem natürlichen Lauf nur noch wenige Zeit leben könne, und wenn man das veranschlagt, was an Unordnung bereits begonnen wurde, könnte alles verwirrt werden und größere Ausgaben und Ärgernisse bedeuten.«[161] In der Erwartung, daß Michelangelo nicht mehr lange zu leben habe, äußerten sich die Gegner mit den Jahren zunehmend ungenierter.

Angesichts der Zählebigkeit Michelangelos zog sich diese Ausgangslage jedoch über siebzehn Jahre hin, während derer die Konflikte in eine Art Lagerkrieg ausarteten und auch Außenstehende miteinbezogen. Die Spannung, ob es dem Papsttum nach der Katastrophe der Glaubensspaltung gelingen würde, das Bauwerk als Symbol seiner wiedererstarkten Rolle fertigzustellen, machte die Kontroverse zu einer weit über Rom hinaus diskutierten Affäre. Sie half, lange wirksame Treuebündnisse von kirchlichen Würdenträgern, Adligen, Politikern, Architekten und Bauunternehmern zu schließen, die das gesamte Bauwesen in Lager spalteten. Nanni di Baccio Bigio konnte hiervon nur profitieren. Gerade die schroffe und andauernde Abweisung durch Michelangelo war für Nanni ein Auslöser anderer, sich häufender Aufträge, die ihn wiederum so eng mit zahlreichen Repräsentanten der Kirche verbanden, daß er einen erheblichen Einfluß auf einen Teil der Deputierten der Baukommission behielt.[162]

Paul III. hat Michelangelo durchweg gegen die Widersacher gestützt, aber diese sahen erneut ihre Chance, als der Papst Ende 1549 starb. Offenbar um Fakten zu schaffen, entzog die Baukommission Michelangelo die Schlüssel für die Baustelle. Der neu gewählte Papst Julius III. (Februar 1550 – März 1555) veranlaßte allerdings unmittelbar nach Amtsantritt voller Zorn die sofortige Aushändigung der Schlüssel und die Weiterarbeit nach Michelangelos Vorstellungen. In ironischer Anspielung auf die Klagen über Michelangelos Alter beschied Julius III., daß Michelangelo, wenn er sich dem Auftrag nicht mehr gebührend widmen könne, einbalsamiert werden solle.[163] Die Deputierten verfolgten ihre

Ziele jedoch weiter, und in einer Denkschrift vom Beginn des Jahres 1552 spielten sie jene Karte, die zur Geschichte St. Peters gehört wie zu keinem anderen Bauwerk: der Vorwurf willentlicher Ruinierung. Michelangelo habe, so hieß es in einer ersten Fassung, von der von ihm genutzten Riesensumme von 122000 Dukaten weitaus mehr dafür verbraucht, bereits gebaute Teile zu zerstören, als aufzubauen. In einem zweiten Schreiben erhöhten sie die errechnete Summe auf 136881 Dukaten.[164] Auch dieser Vorstoß hatte zwar keinen Erfolg, bezeugt aber eindrucksvoll, wie hart und wie offen sich die Gegner Michelangelos vorzugehen trauten.

Für die Widersacher muß die Erscheinung des bitteren, unnachgiebigen Greises unerträglich gewesen sein, zumal die körperlichen Kräfte des auf die Neunzig zugehenden Alten sichtbar nachließen und immer neue Anlässe zur Frage Anlaß gaben, ob er dem Baubetrieb noch gewachsen sei. Als vom April bis August 1557 ein Teil des Wölbungsbogen der Südapsis wegen eines Fehlers des von Michelangelo fachlich und persönlich geschätzten Bauleiters Sebastiano Malenotti wieder abgetragen werden mußte, war dies, obwohl der Schaden bis Juni 1558 behoben werden konnte, eine schwere Niederlage für Michelangelo. Er hatte nun selbst das Gefühl, daß ihm die Bauorganisation aus den Händen zu gleiten drohte, zumal ihn Malenotti nach seiner fristlosen Entlassung in Florenz verleumdete, um nicht selbst als Versager dazustehen.[165]

Michelangelo mußte auch aus dem Grund an sich selber zweifeln, als seine in ungewöhnlicher Härte betriebenen Versuche, die leitenden Stellen mit Personen seines Vertrauens zu besetzen, nur Teilerfolge erzielten. Die Sangallo-Anhänger verstanden es immer wieder, die Berufung von Personen, die Michelangelo gewünscht hatte, über die Baukommission zu hintertreiben. Vor allem nach dem Sturz des Südapsis-Bogens hatte Michelangelo Schwierigkeiten, Personen seines Vertrauens durchzusetzen, die auf vakante Posten gesetzt werden sollten.

Der spektakulärste Fall von Obstruktion ereignete sich gegen Michelangelos Lebensende, und wieder stand Nanni di Baccio Bigio im Zentrum des Geschehens. Dieser hatte sich hinter seinem Rücken bereits zu Beginn des Jahres 1562 mit der Bitte an Cosimo I. de' Medici gewandt, ihn selbst als ersten Architekten vorzuschlagen. Der Herzog hatte zwar geantwortet, daß zu Lebzeiten Michelangelos an keine Veränderung zu denken sei,[166] aber eine neue Gelegenheit bot sich Nanni im August 1563, als einer der engsten Mitarbeiter Michelangelos, Cesare Bettini, auf dem Petersplatz vom Koch des Bischofs von Forlì ermordet worden war, weil dieser ihn mit seiner Frau in flagranti erwischt hatte.[167] Michelangelo mißlang nicht nur, den Nachfolger seiner Wahl durchzubringen, sondern ihm wurden ein ausdrücklich abgelehnter Mitarbeiter und –

als Gipfel – Nanni als Berater der Baukommission vorgesetzt, der sofort eine Reihe unautorisierter Maßnahmen ergriff.[168]

Da Michelangelo wußte, daß jeder Schritt Nannis auf der Baustelle dazu dienen würde, ihn selbst zu entmachten, bot er Pius IV. (Dezember 1559 – Dezember 1565) seinen Rücktritt an. Nanni wurde daraufhin nicht, wie Vasari es lebhaft darstellt, mit Schimpf und Schande entlassen, sondern erneut lediglich aus dem Gesichtskreis Michelangelos entfernt.[169] Die Affäre offenbarte nochmals, wie sehr die Michelangelo-Gegner daran arbeiteten, ihre Kandidaten für die Nachfolge angesichts seines absehbaren Todes in Stellung zu bringen.[170]

All diese Ereignisse zeigen, daß Michelangelos Peterskirche das Produkt eines ungewöhnlich zähen und bitteren Kampfes mit den Sangallo-Anhängern war. Michelangelo sah sich während seiner gesamten Amtszeit gezwungen, die Umsetzung seiner Ziele durch vielfältige Mittel abzusichern, von denen viele nicht zum Repertoire der Architekten gehörten, sondern von ihm situationsbedingt erfunden wurden. Hierzu gehörte der erste, Aufsehen erregende Schritt einer Wappnung durch Verzicht. Michelangelo nahm sein persönliches Interesse dadurch scheinbar völlig aus dem Spiel, daß er erklärte, ohne Entlohnung, allein zur Ehre Gottes arbeiten zu wollen. Zwar hat sich diese Äußerung als eine geschickte Selbstinszenierung erwiesen, denn Michelangelo erhielt aus anderen Quellen mit Dienstbeginn am 1. Januar 1547 ein doppelt so hohes Gehalt wie sein Vorgänger Sangallo,[171] aber sie hat dennoch gewirkt, zumal Paul III. sie in voller Kenntnis ihres Nutzens bekräftigt hat. In einem *breve* vom Oktober 1549 bezeugte er, daß Michelangelos Modell gegenüber dem seiner Vorgänger unter anderem auch deswegen vorzuziehen sei, weil er sich ohne Lohn, allein aus edler Frömmigkeit dem Bau gewidmet habe.[172] Michelangelo besaß durch diese Legende ein wirksames Mittel, um sich in entscheidenden Fragen aus der Schußlinie der Kritik zu nehmen.[173]

Der zweite Schritt war eine Veränderung der Nomenklatur. Michelangelo, der in Florenz doch allein schon mit der Biblioteca Laurenziana, der Sakristei von San Lorenzo und den Wehranlagen Architekturgeschichte geschrieben hatte, gefiel sich zunächst im Bescheidenheitstopos, daß »die Architektur nicht seine eigene Kunst sei«[174]. So sehr er zunächst damit kokettieren konnte, kein Berufsarchitekt zu sein, um so stärker mußte er diesen Eindruck vermeiden, als ihm genau dies von den Sangallo-Anhängern vorgeworfen wurde. Von 1548 an begann er peinlich darauf zu achten, nicht mehr als Bildhauer und Maler bezeichnet zu werden. In brieflichen Anreden war er in der Regel als »Bildhauer« bezeichnet worden.[175] In einem Brief vom Mai 1548 bat er aber, »nicht mehr an

›Michelangelo, Bildhauer‹« zu schreiben, »denn ich bin hier nicht anders als Michelangelo Buonarotti bekannt«. Wenn man sich als Maler oder Bildhauer bezeichnen ließe, würde dies die Hoffnung ausdrücken, einen Auftrag zu bekommen; er selbst aber habe aus seinen Tätigkeiten nie ein Geschäft gemacht.[176] Hinter diesem Argument verbarg sich sowohl sein Stolz auf die Stellung als leitender Architekt St. Peters wie auch die fromme Legende, daß er sich dieser Pflicht unentgeltlich unterzog. Es wird ihn befriedigt haben, daß, soweit er auf Briefumschlägen später als Künstler angeredet wurde, die Architektur ausdrücklich hinzukam; so sprachen ihn sein Freund und Biograph Ascanio Condivi später als »einzigartiger Maler, Bildhauer und Architekt« und Tiberio Calcagni als »glänzender Bildhauer und Architekt« an.[177]

Der dritte Schritt war eine Klärung seiner Befugnisse und seiner arbeitsrechtlichen Stellung. Es hat immer wieder überrascht, wie kompromißlos, ironisch und oft auch verletzend Michelangelo die beteiligte Umwelt wissen ließ, daß sie für ihn nichts war als nur der Resonanzboden seiner Ideen und Handlungen. Zu Beginn seiner Tätigkeit besuchte Michelangelo die Baustelle von seinem Haus und Atelier am Macel de' Corvi am Trajansforum aus fast täglich, mit zunehmendem Alter aber immer seltener, so daß er sich Vertrauter bediente, die an die Bauleute und die Deputierten der Baukommission immer neue Mitteilungen und Schriftstücke überbrachten. Hierdurch entstand ein zusätzlicher Abstand, der Michelangelos Agieren bei Feinden und bisweilen auch bei Freunden als unzumutbar erscheinen ließ.[178] Diskutieren, so hatte er gegenüber den Deputierten schon vor seiner offiziellen Einstellung verlauten lassen, würde er mit dem Papst, sie aber hätten allein auszuführen.[179] Im Januar 1547 ließ er, was eine ausgesuchte Demütigung war, den Spanier Gian Battista de Alfonsis, seinen neu eingestellten Stellvertreter, vor der Baukommission auftreten, um dieser an seiner Statt betonen zu lassen, daß nicht nur allein seinen Anordnungen zu folgen sei, sondern daß sie auch kein Recht hätte, zu wissen, was er vorhabe; allein durch die Ausführung selbst würde sie hierüber informiert. Einige Mitglieder der Kommission empfanden das Auftreten des Spaniers als eine solche Anmaßung, daß er des Raumes verwiesen wurde, um dann aber für Nachfragen zurückgeholt zu werden, woraufhin er seine Ausführungen nochmals bekräftigte.[180]

Derartige Äußerungen ziehen sich bis zum Ende von Michelangelos Amtszeit. Auf den Einwand des Leiters der Baukommission, Kardinal Marcello Cervini, daß Michelangelo von drei Zusatzfenstern nichts habe verlauten lassen, kam Vasari zufolge die Antwort, daß dieser qua Amt und Selbstverständnis nicht zu diskutieren brauche: »Ich will nicht und will dazu auch nicht verpflichtet sein, Eurer Heiligkeit oder irgend jemand anderem mitzuteilen, was ich tun muß oder zu tun gedenke. Eures Amtes ist es, das Geld kommen zu lassen und dafür zu sorgen, daß es vor Dieben geschützt wird; die Entwürfe für die Baustelle aber müßt Ihr meine Sorge sein lassen.«[181]

Michelangelos für Außenstehende höchst befremdliches Agieren war aus der Not geboren, gegenüber seinen Gegnern nicht das leiseste Zeichen von Schwäche zu zeigen und nicht durch aufwendige Diskussionen Zeit zu verlieren. Ob Michelangelo durch sein Auftreten und die Verwerfungen, die er immer wieder auslöste, nicht mehr Zeit verloren als gewonnen hat, ist eine müßige Frage; sein Alter und sein Charakter ließen ihm selbst keine Wahl. Niemand hat dies schärfer gesehen als Paul III., der Michelangelo angesichts der anhaltenden Widerstände Vollmachten erteilte, wie sie nie zuvor oder danach ein Künstler erhalten hat.

Der seitenlange Text vom Oktober 1549 führt aus, daß Michelangelo dem Papst sehr nahe stehe, daß sein Modell den vorherigen, von erfahrenen Architekten geschaffenen Entwürfen überlegen sei und daß es aus diesem Grund bestätigt und bekräftigt würde. Allen Anhängern Sangallos mußte wie ein Schlag ins Gesicht wirken, daß Paul III. Michelangelo das Recht zugestand, für seine Maßnahmen die Genehmigung der Ausschußmitglieder und der jeweils Amtierenden nicht einzuholen. Ausdrücklich attestiert Paul III. ihm das Recht, das bereits Gebaute überall dort, wo es für die Umsetzung seiner Ziele notwendig sei, zu demolieren. Michelangelos Modell und Form von St. Peter aber müsse, »damit es nicht bewegt, reformiert oder verändert werden könne, in allen zukünftigen Zeiten befolgt und beachtet werden«.[182] Ähnliche Formeln sind bereits aus dem fünfzehnten Jahrhundert bekannt,[183] aber der Umstand, daß sich der Auftraggeber auch selbst unter das Diktat des Künstlers stellte, ist ohne jedes Vorbild.

Am 23. Januar 1552 bekräftigte der Nachfolger Pauls III. angesichts der fortdauernden Kritik an Michelangelo sowohl dessen Stellung gegenüber dem Baubetrieb von St. Peter wie auch die Unantastbarkeit seines Modells,[184] und dasselbe geschah durch die folgenden Päpste. Das argumentative Aufschaukeln der Gegner und Anhänger Michelangelos hatte zu einer singulären Formulierung künstlerischer Souveränität geführt, die wie ein Vorgriff auf die absolute Bestimmung staatlicher Macht wirkt.

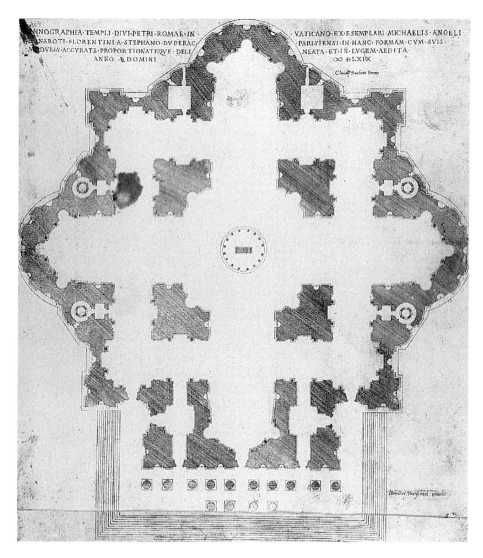

38 Etienne Dupérac, Grundriß von St. Peter, gestochen und radiert, 1569.
Berlin, Kupferstichkabinett, Inv.-Nr. 646-113.

3. Das Alternativkonzept

In seiner Gegenstellung zu Sangallo entwickelte Michelangelo von Beginn an einen Zentralbau, zumal er die Vorliebe Pauls III. für diese kompaktere und kostengünstigere Version kannte. Wie der Grundriß Dupéracs von 1569 festhält

(Abb. 38)[185], waren die Innenwände von Sangallos Querschiffapsiden zu Außenwänden geworden, weil Michelangelo die äußeren Umgangsmauern hatte niederlegen lassen. Damit ergaben sich in Längs- und Querrichtung vier kreuzförmige Arme eines Zentralbaues. Geblieben ist die Grobform des von Sangallo um die Kuppelpfeiler gelegten Quadrates eines schiffsförmig breiten Umganges, dem aber keine weiteren Räume vorgelagert sind, sondern der seine vier Ausbuchtungen durch die seitlichen Außenmauern treibt. Die zentrierte Klarheit dieser Ordnung ermöglichte es, den Gedanken der Einheit der Kirche mit dem Bauwerk zu verbinden. Im Kontrast zum Obskurantismus der verdunkelten Architektur Sangallos waren die einfallenden Lichtfluten zudem als Zeichen der Sichtbarkeit der Kirche in dieser Welt zu werten.[186]

Mit derselben Zielsetzung machte Michelangelo aus den dreieinhalb Stockwerken Sangallos die Kolossalordnung eines einzigen Gefüges. Der Blick auf die Westseite von St. Peter *(Abb. 39)* zeigt, wie zügig er die kleinteiligen Moduladditionen Sangallos zu riesigen Pilastern reduzierte, die auf Wandvorlagen liegen und daher plastisch zur Wand zu gehören scheinen. Er hat sich damit auf die überlängten dorischen Pilaster des Bramante-Chores bezogen *(Abb. 26)*, die von Sangallo als Abweichung von jeder Norm kritisiert worden waren.[187] Ironischerweise hat er damit ein Provisorium Bramantes, für dessen Niederlegung er selbst sorgen wird, zum Maßstab seiner gegen Sangallo gerichteten Lösung genommen.[188]

In den breiten Feldern zwischen den Pilastern erscheinen zwei Tabernakel entweder mit Segmentbogen- oder Dreiecksgiebeln, und in den schmaleren Streifen türmen sich zwei Nischen, ein Fenster und ein rechteckiges Blendfenster auf, die auf die fünf zwischen die äußeren Pilaster gesetzten schmalen Nischen des Ostchores von Bramante zurückgehen. Diese durch Horizontalen kaum gebremste Vertikalbewegung der Bauglieder wird durch die Attika, die ursprünglich keine eigenen Pilaster aufwies und unverkleidet auf dem Hauptgesims ruhte, verstärkt, zugleich aber auch abgepuffert.[189]

Entsprechend begegnete Michelangelo der von Sangallo projektierten Kuppel. Sangallo hatte den Gedanken verfolgt, sie durch übereinandergestellte Arkadenreihen zu strukturieren. Neben der Zergliederung der Kuppel brachte diese Lösung aber den Nachteil, daß die Kuppelwölbung kaum mehr in Erscheinung trat, und auch eine Übersteilung ihrer Bogenlinie durch die Verwendung zweier gegeneinandergestellter, so kühn wie präzise berechneter Ovale konnte dieses Manko nicht wettmachen.[190]

Stärker als alle anderen Bauteile mußte daher Sangallos Kuppel Michelangelos Auffassung von Architektur widersprechen. Nach mehreren Zwischen-

39 St. Peter von Westen

stufen kehrte er zu Bramantes Lösung zurück *(Abb. 23)*. Gemessen daran, daß Bramante ihm mit der Verhinderung des Julius-Grabes von 1505 die Schmach seines Lebens zugefügt hatte, zeugt diese Volte von bemerkenswerter Souveränität. Auch wenn er Bramante als Kronzeuge gegen den noch größeren Gegner Sangallo aufrufen konnte, so muß diese Kehrtwendung Michelangelo doch erhebliche Probleme bereitet haben. In einem um den Jahreswechsel 1546/47 geschriebenen Brief klingt in der gequälten, aus einer mehrfachen Verneinung entwickelten Würdigung Bramantes sein innerer Konflikt an: »Schließlich wird man nicht bestreiten können, daß Bramante in der Architektur nicht unfähig war, mehr als es von der Antike bis heute jeder andere gewesen wäre.«[191] Das weitere Lob Bramantes hat Sangallo als Negativfolie: »Er legte den ersten Plan St. Peters vor, der nicht voller Verwirrung, sondern klar, einfach und durchlichtet war und der ringsum soweit freistand, daß er den [vatikanischen] Palast nicht in irgendeiner Weise schädigte. Und er wurde als eine schöne Sache erachtet, was sich daran zeigt, daß jeder, der sich der besagten Ordnung Bramantes widersetzt hat, wie es Sangallo tat, von der Wahrheit abweicht.«[192]

Michelangelos Umgang mit der so charakterisierten »Wahrheit« ist vor allem einem 1558–1561 hergestellten Holzmodell zu entnehmen, das er trotz aller Abneigung gegen fixierte Modelle auf das Drängen seiner Anhänger fertigen ließ, um seinen Gegnern keinen Interpretationsspielraum zu lassen.[193] Das überlieferte Modell *(Abb. 40)*[194] zeigt gegenüber dem Plan Bramantes bei mancher Ähnlichkeit gravierende Unterschiede: Während dieser im Tambourbereich einen umlaufenden Säulenwald vorgesehen hatte, rhythmisiert Michelangelo die Säulen zu Paaren, zwischen denen sich jeweils giebelbekrönte Fenster auftun. Über diesem Säulen- und Fensterfeld erscheint eine leicht zurückgesetzte Attika mit längsrechteckigen, girlandengeschmückten Feldern. Die Kuppelwölbung ist nach dem Modell des Florentiner Domes durch Rippen gefestigt, die ihren Druck von der Attikazone zu den Säulenpaaren des Tambours ableiten. Eine Wiederholung in kleinerem Maßstab vollzieht sich in der Laterne, bei der das Gewicht von den aufragenden Kandelabern über Voluten zu den Doppelsäulenstellungen der Laternentrommel geführt wird. Sowohl in der Vertikalen wie auch in der Horizontalen hat Michelangelo diese Kuppelform rhythmisiert, ohne die ruhende Erscheinung der Kuppel Bramantes preiszugeben. Im Gegensatz zu Sangallos stoischem Additionsprinzip entwarf er einen spannungsvollen Organismus. Vasari zielt auf diese qualitative Bestimmung der Architektur, wenn er Michelangelos Bau gegenüber dem Sangallos als quantitativ kleiner, aber qualitativ größer beurteilt, und auch sein Nach-

40 Michelangelo, Giacomo della Porta und Luigi Vanvitelli, Holzmodell der Kuppel von
St. Peter mit Tambour. Vatikanstadt, Fabbrica di San Pietro.

satz ist Michelangelos Bestimmung des Architekten wie auch dessen Polemik verpflichtet: »Schließlich wurde vom Papst jenes Modell gutgeheißen, das - Michelangelo gefertigt hatte und das St. Peter nochmals in kleinerer Form, aber zugleich in größerer Pracht zur Zufriedenheit all jener, die über Urteilskraft verfügen, schuf. Ebenso war gewiß, daß jene, die sich zwar als berufsmäßige Kenner ausgeben, es aber in Wahrheit nicht sind, es nicht für tauglich fanden.«[195]

4. Die Normierung des Modells

Die von Vasari angesprochenen Gegner von Michelangelos Modell ließen keine Möglichkeit ungenutzt, um ihre Alternative im öffentlichen Gedächtnis zu wahren. Als Menetekel wurde im Jahr der Ernennung Michelangelos die Frontalsicht des Sangallo-Baues in einem prachtvollen Stich festgehalten, und in den folgenden Jahren kamen die Seitenansicht *(Abb. 36)* und der Längsschnitt hinzu, so daß mit der Publikation des Grundrisses im Jahr 1549 *(Abb. 34)* neben dem Holzmodell Labaccos eine komplette Serie als Propaganda des abgelehnten Bauvorhabens vorlag.[196]

Die Baugeschichte von St. Peter vor Augen, wußte Michelangelo nur zu gut, daß jede Planänderung die Baustelle um Jahre oder Jahrzehnte zurückwerfen würde. Wie um die Erinnerung an das Sangallo-Modell zu bannen, ließ er seine eigenen Entwürfe verbindlich absichern. Als Paul III. ihm am 11. Oktober 1549 freie Hand über die Bauführung zusicherte, wurde erstmals dekretiert, daß »dem Modell und der Form, oder den Abänderungen, die von Michelangelo selbst in besagtem Bau geschaffen und abgegeben wurden, damit sie nicht verändert, umgeformt oder abgewandelt werden, andauernd in aller Zukunft gefolgt und daß sie beachtet werden sollen«[197].

Mit dieser Formulierung im Rücken stellte Michelangelo die Umwelt vor die Alternative, entweder seinem Modell zu folgen oder aber St. Peter endgültig in eine Ruine zu verwandeln. Im September 1554 schlug er Vasaris Bitte, nach Florenz zurückzukehren, mit der Antwort ab, daß seine Abwesenheit von Rom »der Grund für einen großen Ruin des Baues von St. Peter wäre, eine große Schande und eine große Sünde«[198]. In zwei an Vasari gerichteten Briefen des folgenden Jahres wiederholte er, daß der Bau ohne seine Präsenz in eine *gran ruina* überführt würde; er müsse so lange bei ihm bleiben, »bis er nicht mehr geändert werden könne, um ihm eine andere Form zu geben«[199].

Es mag hinzugekommen sein, daß Michelangelo einen Vorwand brauchte, um trotz des Werbens von Cosimo I. de' Medici nicht in jenes politisch ihm fernstehende Florenz zurückkehren zu müssen, das zahlreiche seiner Freunde in das Exil getrieben hatte. Im Gegensatz zu seinen emphatischen Äußerungen hat er Rom durchaus verlassen, als die Situation dies zu erfordern schien. Im Spätsommer 1556, als ein neuer *Sacco di Roma* drohte und sich Michelangelo wie viele Römer in Todesgefahr wähnte, verließ er die Baustelle unter dem Vorwand, eine Wallfahrt nach Loreto zu unternehmen, in Richtung Spoleto. Er kehrte erst zurück, als er nach sechs Wochen aufgespürt und vom Papst nach Rom zurückbeordert worden war.[200]

Der Zustand der Baustelle, auf den er nach seiner Rückkehr traf,[201] hat Michelangelo in der Linie bestärkt, durch Präsenz Fakten zu schaffen. Im Februar 1557 ließ er Cosimo I. de' Medici über seinen Neffen Leonardo die Nachricht zukommen, daß er erst nach Florenz reisen könne, wenn der Neubau St. Peters »nicht mehr durch einen anderen Plan geändert werden könne«.[202] Denn wenn er jetzt weichen würde, könnte der »Neid« ihn um alle Früchte bringen.[203] Diese Prophezeihung war keinesfalls nur ein metaphorisches Lamento. Im Mai 1557 bekräftigte er, daß seine Abwesenheit von Rom »eine Reihe von Dieben freuen würde, und es wäre der Grund seiner Ruinierung, und vielleicht würde er für immer geschlossen«[204].

Keine Frage konnte sein, daß mit den »Dieben« Vertreter der Sangallo-Partei gemeint waren, die am Handel mit schlechtem Baumaterial ihre Vorteile gezogen hatten. Schon 1547 hatte Michelangelo eine seiner schärfsten Attacken gegen Mitglieder der Baukommission mit dem Argument vorgetragen, daß sie »Täuschungen und Räubereien« begingen, indem sie minderes Baumaterial zu hohen Preisen verkauften und damit das Amt für ein verwerfliches Eigeninteresse mißbrauchten.[205] Vasari verband bereits in seinem ersten Einladungsbrief die »Diebe« in einem Atemzug mit den Vertretern des Sangallo-Modells, dem er in einem meisterhaften Wortspiel attestierte, insgesamt so unsinnig wie im Detail vollendet zu sein. Michelangelo, so Vasari, verdiene es, nach Florenz zurückzukehren, weil er »St. Peter aus den Händen der Diebe und Mörder befreit und reduziert habe, was bis zur Perfektion unvollkommen war«[206]. In einem Brief vom Juli 1557 hat Michelangelo seine notorische Furcht vor den »Dieben« der Sangallo-Anhänger nochmals zur Begründung angeführt, erst nach Florenz kommen zu können, »bevor ich den Bau von St. Peter nicht zu einem Punkt führe, daß er weder zerstört noch gegenüber meiner Ausarbeitung geändert werden kann, und keine Gelegenheit gegeben wird, zum Diebstahl zurückzukehren, wie es die Diebe zu tun pflegten und worauf sie noch immer hoffen«[207]. Als Paul III. gestorben war, bezahlte er aus eigener Tasche eine Nachtwache, weil sofort wieder Diebstähle geschehen waren.[208]

Offenbar hielt Michelangelo die Gefahr des Eingriffes in seine Baupläne und seine Baumaßnahmen durch die Zerstörer seiner Idee und die Diebe des Baumaterials bis zu seinem Tod im Februar 1564 für nicht gebannt. Er verließ Rom nie mehr.

V MICHELANGELOS BAU UND ABBAU

1. Bauen als präventive Verteidigung

Michelangelo sah sich vor die zweischneidige Aufgabe gestellt, nicht nur den Bau zu bewältigen, sondern zugleich die zeitgenössischen und zukünftigen Gegner abzuwehren. Beide Seiten verbanden sich in der Abfolge seiner Baumaßnahmen, die ohne Berücksichtigung dieser Doppelstrategie sprunghaft und chaotisch wirken.

Der Augenschein suggeriert, daß Michelangelo wenig fertiggestellt, dafür aber, ohne System, um so mehr begonnen habe. Auf die von 1549 bis 1558 errichtete Südapsis folgte nicht etwa die Nordapsis; 1555 begonnen, wurde sie kaum vorangetrieben und war zu Michelangelos Tod noch immer nicht fertiggestellt. Ab 1560 folgten vielmehr die Fundierungsarbeiten für die vier Nebenkapellen in den Ecken der Kreuzarme. Bis zu seinem Lebensende war von diesen vermutlich zumindest die nordöstliche Cappella Gregoriana in ihrer Konzeption soweit fertiggestellt, daß ihre Struktur wie auch ihre Verbindung mit der Nordapsis definiert werden konnte.[209] Gleichzeitig arbeitete man nicht etwa an der Vollendung dieser Satellitenkapellen im Norden oder auch zu Seiten des Südarmes, sondern im Vierungsbereich. Nachdem in den Jahren 1547–49 ein Ring über die inneren Pendentifs gelegt worden war, um eine Grundlage für die riesige, mehr als vierzig Meter Durchmesser aufweisende Kuppel zu erhalten, wurde von 1554 bis 1557 und nach der Bauunterbrechung wieder von 1561 bis 1564 am Emportreiben der Trommel und an der Vorbereitung der Wölbung gearbeitet.

Michelangelo hat demnach nicht systematisch von Süden nach Norden oder von unten nach oben gebaut, sondern an markanten Einzelpunkten angesetzt: im Süden, Nordosten und in der Höhe. Begreift man diese Aktivitäten als gegen die Opponenten gerichtete Schachzüge, so verlieren sie ihre scheinbare Willkür. Von den bestimmenden Bauelementen, der Kuppel, den Kreuzarmen und den vier Nebenkapellen, hat Michelangelo je ein Beispiel herausgegriffen, um über sie die zugehörigen Elemente zu prägen. Da er wußte, daß seine Zeit für die Errichtung des gesamten Baus nicht reichen würde, zielte seine Energie darauf, seine Nachfolger unter den Systemzwang der exemplarisch gebauten Elemente zu setzen und Fakten zu schaffen, die eine Abkehr von seinen Zielen unmöglich machen würden. Vasari hat treffend beschrieben, daß Michelangelo nach Ort und Art seiner Baustrategie nur das eine Ziel hatte, konzeptionelle Festigkeit zu erzwingen. Überall habe er mit großer Sorgfalt ansetzen lassen, »wo der Aufbau des Bauwerkes geändert werden mußte, damit dieser dauerhaft bleibe«. Neben der Ortswahl habe auch die Art des Neubaues demselben Ziel gedient, »daß er niemals mehr von anderen geändert werden könne. Es handelt sich um die Vorkehrung eines weisen und vorausschauenden Geistes, denn es genügt nicht, das Gute zu tun, wenn man es nicht auch absichert.«[210]

2. Postume Sicherungen

Michelangelos Vorgehen folgte der Logik eines kühl geplanten Angriffes auf die Obstruktionen seiner Gegner. Wie berechtigt seine Angst war, zeigte sich schon darin, daß seine Befürchtung nach seinem Tod von anderen geteilt wurde. Vasari berichtet, daß Pius IV. (Dezember 1559 – Dezember 1565) nach dem Ableben Michelangelos die Order erließ, daß »nichts von dem verändert würde, was Michelangelo angeordnet habe«[211]. Sein Nachfolger Pius V. (Januar 1566 – Mai 1572) ließ dieses »mit noch größerer Autorität« ausführen und verfügte, daß man, »damit keine Unordnung entstehe, ohne geringste Abstriche den von Michelangelo gefertigten Zeichnungen zu folgen habe«[212]. Um die Einhaltung dieses Befehls zu überprüfen, wurde Vasari von Pius V. nach Rom berufen.[213] In mehreren Briefen betonte er, daß er den Auftrag habe, »zu sehen, daß sie den gesamten Aufbau Michelangelos beachten«[214], und in den *Viten* vermerkte er nicht ohne Stolz, daß er diesen Auftrag auch auf den Papst selbst bezog, in dem er diesen aufforderte, »keine Änderung im Aufbau des Buonarotti zuzulassen«[215]. Schließlich berichtete er von einer auf Geheiß des Papstes erfolgten Unterredung mit Bischof Ferratino, dem Leiter der Bauaufsicht, in der er auch diesen aufforderte, darauf zu achten, daß keiner der Pläne Michelangelos verändert würde. Ferratino bekräftigte unmißverständlich, »daß er jede Anordnung und jeden Plan, die Michelangelo für dieses Bauunternehmen hinterlassen habe, beachten würde und beachtet habe, und daß er überhaupt der Hüter, Verteidiger und Konservator der Ziele eines so großen Mannes sei«[216].

Wohl kein Vorgang war für die Situation nach Michelangelos Tod bezeichnender als die Aktivität Nanni di Baccio Bigios, der sich soweit in den Schlingen seiner eigenen Ansprüche verfing, daß selbst er sich auf die Einhaltung des Modells festlegen mußte. Als er nach dem Tod Michelangelos ein letztes Mal versuchte, die Bauleitung übertragen zu bekommen, kleidete er seine fundamentale Kritik an Michelangelos Kuppelkonzept in die Floskel, daß dessen Modell unantastbar sei.[217] In eine noch tiefere Verbeugung vor Michelangelo wurde er durch die bereits erwähnte Korrespondenz mit Cosimo I. de' Medici gezwungen. In Fortsetzung des Briefwechsels gab er dem Schreiben des Florentiner Gesandten in Rom, das die Mitteilung von Michelangelos Ableben enthielt, einen eigenen Brief bei, in dem er den Herzog an das lose Versprechen erinnerte, sich für ihn selbst als neuen Architekten von St. Peter einzusetzen.[218] Das in seiner Abstandslosigkeit von geradezu krankem Ehrgeiz zeugende Dokument veranlaßte Cosimo I. de' Medici zu der bemerkenswerten Antwort, daß er sich bei dem Medici-Papst für Nanni einsetzen könnte, allerdings nur, wenn sich dieser auf Michelangelos Modell einlassen würde, »ohne auch nur einen Punkt zu ändern«.[219] In seiner beflissenen Rückantwort entgeht Nanni nicht der Versuchung, als *Michelangelo redivivus* dessen Status ohne Bezahlung zu versprechen, um dann zu verkünden, daß er als erster Architekt St. Peters »die Dinge, die von Herrn Michelangelo guten Angedenks geschaffen wurden, weder tilgen noch ändern«, sondern nach allen Kräften »festigen und fortführen« würde.[220]

Nannis Äußerung, so scheinheilig sie gemeint gewesen sein mag, wirkt wie das Symbol einer Kehre von den metamorphotischen Gebilden einer instabilen Phantasie zur Fixierung des reduzierten, stabilen Unikates. Zuvor war das Vorgängermodell eine Herausforderung für die eigenen Fähigkeiten, nun werden diese daran gemessen, wie treu sie sich am Vorgegebenen zu bewähren vermögen.

Gewohnt, vom Architektenstatus eine aristokratische Hoheit über das Bauprojekt abzuleiten, wurden die Bauleiter zu Dienern einer vorgegebenen Idee. Angesichts dessen, daß die relative Autonomie des Architekten einer der Gründe für die Permanenz der Planungswechsel gewesen war, hatte Michelangelo ihren Status zum Modell eines frühen Absolutismus übersteigert, um von dieser Spitze herab auch die Nachfolger zu Dienern seines Modells zu machen. Diese Fixierung auf ein einmal geschaffenes Konzept widersprach eigentlich, wie gesehen, Michelangelos innerster Überzeugung, daß Architektur ein skulpturaler Prozeß sei. Er selbst hat sich die Freiheit genommen, von seinem Modell in beträchtlichen Details abzuweichen.[221] Um nicht das Ganze zu gefährden, ließ er anderen Architekten diese Möglichkeit eines elastischen Umganges mit dem einmal Vorgedachten aber nicht. Dafür, daß Michelangelos Modell sakrosankt geworden war, haben die folgenden Architekten mit dem Verlust ihres Status bezahlt. Verpflichtet auf Michelangelos Vorgaben, fehlte ihnen in der letzten Bauetappe das Rückgrat, um diese zu verteidigen.

3. Aufbau und Abbruch von Attika und Nebenkuppel

Die nicht abreißende Kette von Schutzmaßnahmen spiegelte den anhaltenden Widerstand der Gegner Michelangelos. Was er befürchtet hatte, setzte sofort nach seinem Tod ein, als Pirro Ligorio im August 1564 als sein Nachfolger bestimmt wurde. Es war bekannt, daß dieser zu den erklärten Gegnern Michelangelos gehörte, aber er hatte für Pius IV. neben der Umgestaltung von Bramantes Cortile del Belvedere das Casino der vatikanischen Gärten gebaut,[222] und dies wird ihn zum leitenden Architekten St. Peters prädestiniert haben. Zudem galt er als Kompromißkandidat, der nach monatelangen Disputen der Baukommission geeignet schien, Nanni di Baccio Bigio zu verhindern und dennoch die Partei der Sangallo-Anhänger zu besänftigen.[223] Wenn Vasari von den »Verfolgungen und Verleumdungen« spricht, denen Michelangelo gegen Lebensende ausgesetzt war, dann muß er neben den erwähnten Nanni di Baccio Bigio und Guglielmo della Porta[224] auch Ligorio im Auge gehabt haben, über den er an anderer Stelle berichtet, daß dieser Michelangelos Zustand als »zweite Kindheit«, also als infantile Senilität, bezeichnet habe.[225] Vasari äußerte daher Freude, als er im März 1567 in Rom vernahm, daß Ligorio durch Pius V. entlassen und durch Jacopo Barozzi Vignola ersetzt worden sei.[226] In den *Viten* präzisierte er: »Pirro, der überheblich versuchte, diese Ordnung [Michelangelos] zu bewegen und zu ändern, wurde unehrenhaft von diesem Bau entfernt.«[227]

Wo Ligorio, der vermutlich um die Jahreswende 1566/67 entlassen wurde,[228] die Abweichung begangen hatte, berichtet Vasari nicht. Eine subtil begründete Theorie besagt, daß es sich um die Attika der Apsis des nördlichen Querarmes gehandelt habe.[229] Michelangelo hatte die Attika über dem südlichen Querarm als reine Wandfläche, durchbrochen allein durch kassettierte,

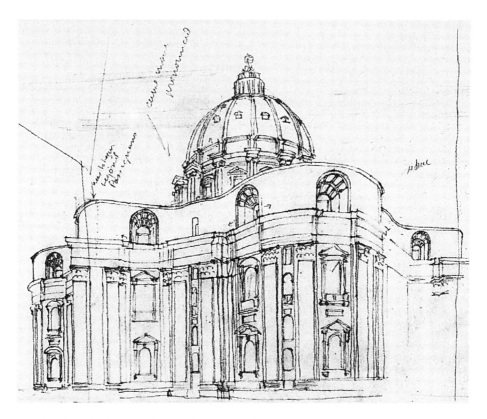

41 Michelangelos St. Peter-Bau mit der ursprünglich vorgesehenen Attika (Rekonstruktion von H. A. Millon und C. H. Smyth, 1988).

rahmenlose Durchgänge vollendet und damit das struktive Prinzip der Kuppelpfeiler Bramantes aufgenommen.[230] Die Rekonstruktionszeichnung *(Abb. 41)* läßt erahnen, wie eine solch glatte, nur durch Öffnungen unterbrochene Attika gewirkt hätte, wenn sie um das gesamte Gebäude geführt worden wäre. Der massive Streifen eines Niemandslandes zwischen der Kolossalordnung des Untergeschosses und dem Kuppelaufbau hätte das Kunststück vollbracht, sowohl die horizontale wie auch die vertikale Bewegung *in extremis* zu führen.[231] Die halbrund überwölbten Durchgänge hätten den Höhenzug der nach oben sich öffnenden Folgen von Ädikula und Fenster des Untergeschosses verstärkt, während die unverzierte Wand eine eigene Zone etabliert hätte, über der die Kuppel als solitäres Element hätte schweben können. Gegenüber dem Fundament der Kreuzarme wäre damit ihr autonomer Höhenzug im Sinn Bramantes bekräftigt worden.

Die Attika des südlichen Querarmes, die noch nicht von der mächtigen Kuppel hinterfangen war und die aus heutiger Sicht wirken würde, als habe sie das nackte Weiß der Moderne vorwegnehmen wollen, hatte jedoch keine Zukunft. Die Alternative des nördlichen Querarmes, die unter Ligorio vermutlich zwischen April und Dezember 1566 hochgezogen wurde,[252] führte die hinterlegten Lisenen des Untergeschosses fort und minderte so die eigenständige Pufferfunktion zwischen Kuppel und Unterbau. Die kleinen Ädikulen in den Schmalfeldern sowie die queroblongen Fenster in den breiten Streifen milderten den Höhenzug. Trotz der bizarren Form der Fenster, in deren oberen Abschluß Muschelformen eingelassen sind, war die Attikaordnung konventionell geworden. Mit ihr veränderte sich der Charakter des gesamten Bauwerkes. Da Ligorio wegen Abweichung von Michelangelos Modell entlassen wurde, liegt der Schluß nahe, daß die Attika des nördlichen Querarmes der Anlaß war.[233]

Der Beweggrund für Ligorios etwaiges Vergehen könnte darin gelegen haben, daß ihm dieselbe Mischung aus Zerstörung und Veränderung vorschwebte, mit der Michelangelo ebenso wie auch dessen Vorgänger operiert hatten. Ligorio hatte für Pius IV. bereits in Bramantes Cortile del Belvedere eingegriffen, indem er an der südlichen Schmalseite ein halbkreisförmiges Steintheater einfügte. An der gegenüberliegenden Schmalseite vor dem Statuenhof hatte er im Jahr 1560 Bramantes Loggia, die von Michelangelo modifiziert worden war, zugunsten seiner riesigen »großen Nische« niedergelegt. Nach diesem Vorspiel mag ihm eine Versuchung gewesen sein, Bramante und Michelangelo neuerlich in die Schranken zu weisen, zumal er die Gruppe der Feinde Michelangelos auf seiner Seite wissen konnte und auch die bisherige Baugeschichte von St. Peter für ein solches Vorgehen sprach.

So schlüssig die These von der eigenmächtigen Handlung Ligorios wirkt, so hat sie doch eine Schwäche darin, daß eine in Lille liegende Zeichnung Michelangelos die Grobstruktur der nördlichen Attika aufweist. Sie ist zwar in sich kompakter und auch nicht für St. Peter, sondern ein Stadttor gedacht, kommt der Attika aber doch so nahe, daß sie als eine Vorstudie erachtet werden kann. Möglicherweise also war Michelangelo bereits auf dem Weg zu einer Lösung, wie sie die Nordattika dann aufwies.[234]

Wäre die neue Form der Attika auf Michelangelos Konto gegangen, so hätte er für eine veränderte ästhetische Überzeugung die Grundlage geopfert, auf der er St. Peter zu retten suchte: die Unantastbarkeit seines eigenen Entwurfes. Michelangelo, für den die Wandelfähigkeit des Stoffes ein innerster Antrieb war und der seine *Pietà Rondanini* zur selben Zeit in einem autoikonoklastischen Akt in eine Skulptur zerschlug, welche die Grenze zur Abstraktion

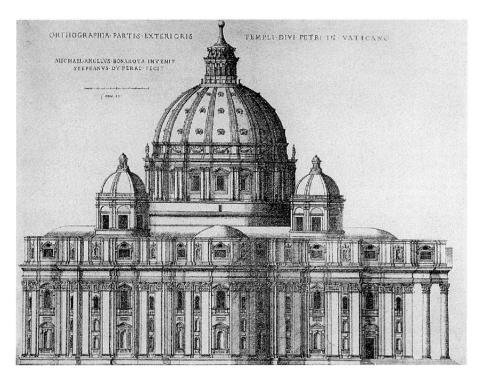

42 Etienne Dupérac, Aufriß von St. Peter, gestochen und radiert, 1569.

berührte, wäre ein solcher Schritt durchaus zuzutrauen gewesen. Er hätte seine Baustrategie durchkreuzt, um seiner ureigenen Anlage, bei allen formbezogenen Vorgängen bis zuletzt eingreifen zu können, nachzugeben.

Nicht minder eindrucksvoll wäre der Vorgang, wenn Ligorio die Skizze Michelangelos, die für ein anderes Objekt gemeint war, genutzt hätte, um den Horror vacui der südlichen Attika zu lindern und Michelangelo gegen sich selbst antreten zu lassen. Beide Möglichkeiten bekräftigen gleichermaßen das zerstörerische Prinzip der Baugeschichte St. Peters. Denn die einmal gebaute formale Alternative ließ nur zwei Möglichkeiten zu: entweder selbst wieder beseitigt zu werden oder den Vorgänger zu eliminieren.

Die zweite Möglichkeit trat ein. Die Baukommission stand vor einem Dilemma, und es scheint, als sei sie aus ihrer Not durch die Suggestion eines *image* von St. Peter befreit worden. Vermutlich hat Vignola, der Nachfolger von Ligorio, den Stecher Etienne Dupérac im Jahr 1569 instruiert, einen Aufriß von St. Peter zu fertigen, bei dem die Form der Nordapsis-Attika um den gesamten Bau läuft *(Abb. 42)*.[209] Über diesen weit verbreiteten Stich war sie als

43 Etienne Dupérac, Rom-Plan von 1577. Kupferstich (Ausschnitt)

Erfindung Michelangelos sanktioniert: »MICHEL · ANGELVS · BONAROTA · INVENIT«. Die Baukommission bestätigte daher eine zur Gewohnheit gewordene Sicht, als sie vermutlich 1575/76 entschied, die Form der nördlichen Attika über den gesamten Bau zu führen. Folglich wurde diese im Zuge der Weiterarbeit an den Außenwänden aufgenommen, bis die noch zu Lebzeiten Michelangelos errichtete Attika des südlichen Querarmes zum Fremdkörper geworden war. In den Jahren 1605–1611 wurde diese abgerissen und nach dem neuen Muster wiederrichtet.[236]

Nach demselben Schema endete auch die Auseinandersetzung um die fünf Kuppeln, die über der Vierung und den vier Nebenkapellen zu errichten waren. Vignola, ein detailtreuer Diener der Vorhaben Michelangelos, führte unter den Pontifikaten von Pius IV. und Pius V. bis 1568 den Tambour der Kuppel fort. Dupéracs Rom-Plan von 1577 hat dieses Stadium festgehalten: Wie ein Stumpf ragt die riesige Trommel, auf der die Kuppelwölbung schließlich errichtet werden sollte, in den Himmel *(Abb. 43)*.

1569 muß es zu einer Krise zwischen Vignola und den Deputierten der Baukommission gekommen sein, denn diese versuchte ihn in einem Schreiben des 15. Juli mit einer Entschuldigung, einer Übertragung aller Verantwortung in architektonischen Belangen und mit der Zusicherung, alle Personalfragen selbst treffen zu können, zu besänftigen.[237] Es ist zu vermuten, daß Vignola im Hochgefühl dieser Vollmachten im selben Jahr gemeinsam mit anderen Anhängern Michelangelos den Auftrag an Dupérac erteilte, mit Hilfe des genannten Stiches die gesamte Restplanung festzulegen und mit der mittleren Vierungskuppel, die dem Modell Michelangelos entsprach, auch die vier kleinen Kuppeln der seitlichen Nebenapsiden zu etablieren.

Vignola hat in diesem Plan, der nochmals die Unberührbarkeit von Michelangelos Vorstellungen bekräftigen sollte, nicht nur Ligorios neue Attika, sondern auch seine eigenen Entwürfe für die Nebenkuppeln eingeschmuggelt und als Erfindung Michelangelos sanktioniert *(Abb. 42)*. In seinem eigenen Fall konnte Vignola dies mit um so besserem Gewissen tun, als Michelangelo für die Nebenkuppeln keine Detailplanung mehr hatte vornehmen können.

Vermutlich im Mai 1567, sobald er nach Ligorios Entlassung alleiniger leitender Architekt von St. Peter geworden war, begann Vignola mit der Arbeit an der nordöstlichen Nebenkapelle, der Cappella Gregoriana. Als er im Juli 1573 starb, waren die Arbeiten soweit fortgeschritten, daß die Kapelle zwei Jahre später mitsamt einer inneren und einer äußeren jeweils halbkreisförmigen Kuppelschale fertiggestellt werden konnte.[238] Vignola hatte sich mit diesen Nebenkuppeln selbst ein Denkmal gesetzt, ohne von der Vorgabe, Michelangelos

Überlegungen umzusetzen, abzuweichen. Mit den Doppelpilastern seiner Trommel war eine Synthese aus dem Sockelgeschoß und dem Kuppeltambour von Michelangelos Modell geschaffen, und die halbrunde Wölbungsform wie auch das Rippensystem und die Grobform der Laterne waren Michelangelos Vorstellungen entgegengekommen.[239]

Die innere Schale von Vignolas Kuppel bildete das Vorbild für die drei weiteren Kuppeln der Nebenkapellen, aber die äußere Schale überlebte aus genau dem Grund, daß sie die Vorstellungen Michelangelos zu treu umgesetzt hatte, nur zehn Jahre. Der Hebel, die Erscheinung von Vignolas Kuppel zu tilgen, war die Form der riesigen Vierungskuppel, die von Beginn an in der Diskussion gestanden hatte. Der vehementeste Kritiker war wie erwähnt das Haupt der Erbhüter Sangallos, Nanni di Baccio Bigio. Nach Michelangelos Tod suchte er sich mit seinem Vorschlag einer alternativen Konstruktion ins Spiel zu bringen, die, wie er prophezeite, im Gegensatz zu Michelangelos Vorhaben nicht einstürzen würde.[240] Guglielmo della Porta, der sich auf die Seite der Sangallo-Sekte geschlagen hatte, nachdem Michelangelo um 1550 sein Freigrab-Projekt für Paul III. verhindert hatte,[241] äußerte eine ähnlich gelagerte Kritik. Er schlug vor, statt der zweischaligen Kuppel Michelangelos eine nur einschalige Lösung vorzusehen und weitere Veränderungen des Konzeptes vorzunehmen, die an Sangallos Modell orientiert waren.[242] Schwerwiegender noch war della Portas Äußerung, daß er die »genannte Kuppel vollenden wolle, ohne etwas wegzunehmen, das von Buonarotti geschaffen worden sei«[243]. Wie selbstverständlich ging er davon aus, daß sich die Anordnung von Pius IV. nur auf das bereits Gebaute, also den Tambour, beziehen könne. Damit war nicht nur gesagt, daß die Planungen Michelangelos prinzipiell zur Disposition stünden, sondern daß ohne die Anordnung Pius' IV. auch die errichteten Teile hätten abgerissen werden können – eine Feststellung, die sich auf den Verlauf der vorherigen Baugeschichte gründen ließ.

Die Baukommission, die für Pius IV., also vor 1580, eine Denkschrift zur möglichen Realisierung der Kuppel vorlegte, fügte Guglielmo della Portas Brandbrief bei,[244] und dies könnte seinen Teil dazu beigetragen haben, daß schließlich Michelangelos Modell variiert wurde. Die Hauptquelle ist der Bericht des Notars und Archivars Giacomo Grimaldi, der zur Zeit Sixtus' V. (April 1585–August 1590) in der Steinmetzwerkstatt neben dem großen Holzmodell Sangallos einige Gips- und Holzmodelle aus der Zeit Michelangelos sah, unter denen sich das Lindenholzmodell einer Kuppel befand. Ihr Wölbungsbogen sei »etwas flacher« als die Kalotte eines zusätzlichen, von Giacomo della Porta geschaffenen Kuppelmodells gewesen. Della Porta war Anfang 1574 auf Vignolas

Posten des leitenden Architekten berufen worden, und in dieser Funktion hatte er seine Alternativkuppel geschaffen, weil er sie, wie Grimaldi weiter berichtet, »für schöner und auch haltbarer hielt«.[245]

Mit Michelangelos flacherem Kuppelmodell hat sich Grimaldi vermutlich auf Michelangelos erstes Modell von 1549 bezogen.[246] Della Portas Alternative setzt aller Wahrscheinlichkeit erst über dem Tambour von Michelangelos aufwendigem, vom November 1558 bis zum November 1561 erarbeiteten Modell an, dem er eine neue, höher gestellte Schalenwölbung aufsetzte. Nach seinem Vorbild wurde die heute sichtbare Form der Kuppel von St. Peter geschaffen *(Abb. I, 39)*.

Grimaldis Sicht der Ereignisse läßt vermuten, daß die Modifikation von Michelangelos halbkreisförmiger Kuppel nicht allein durch statische Überlegungen, sondern auch durch ästhetische Überzeugungen motiviert war. In der Tat ist die höher gezogene Linienführung, die dynamischer wirkt und damit stärker zu Michelangelo zu passen scheint als dessen eigener früherer Vorschlag, von so großer Überzeugungskraft, daß gefragt worden ist, ob sie nicht einem letzten Willen Michelangelos entsprochen habe oder ob er nicht selbst, wenn er auch die Kuppel noch hätte bauen können, eine Variante realisiert hätte, die der schließlich ausgeführten Version nahe gekommen wäre. Für diese Theorie konnten gewichtige Argumente angeführt werden.[247]

Gegenüber der gebauten Kuppel besitzt das Modell der halbkreisförmigen Kuppel jedoch einen eigenen Reiz. Unbeirrter, als es die schließlich gebaute Kuppellinie erlaubt, hätte sie sich über dem Untergeschoß erhoben. Die heute sichtbare Wölbung ist großartig in ihrer transitorischen Dynamik, aber ihr fehlt das bramantische Moment, das Pantheon zu liften und in irreal scheinender Höhe ruhen zu lassen. Um dessen Realisierung ging es Michelangelo, als er sein Holzmodell schuf. Wenn sich in bezug auf die schließlich gebaute Kuppel hingegen eine stärkere Dynamik des Gefüges durchgesetzt hat, so ist diese entweder Michelangelos Prinzip zu verdanken, die Vorgaben bis zum letzten Moment zu überdenken und zu variieren, oder dem Drang des Nachfolgers, eine eigene Variante umzusetzen. Die Frage, ob della Porta eine letzte Entwicklung Michelangelos aufgenommen oder erahnt habe, wird vermutlich ebenso wenig zu beantworten sein wie die nach dem Autor der Nordquerhaus-Attika.

Ob als Erfüllungsgehilfe oder als Korrektor Michelangelos – auch della Porta mußte in jedem Fall wissen, daß der komplexe Riesenkörper von St. Peter jedem neuen Architekten die initiative Geste einer partiellen Destruktion abverlangte. Die neue Wölbungslinie der Peterskuppel bot die Möglichkeit, auf diesen Erwartungsdruck zu reagieren. Grimaldi berichtet, daß della Porta »die

Kalotte der kleineren Kuppel, die, etwas niedriger, über der Cappella Gregoriana errichtet worden war, in Nachahmung der großen Kuppel in höherer Form erneuerte«[248]. Mit der »kleineren« Kuppel meinte Grimaldi die im Jahr 1575 fertiggestellte, halbkreisförmige Außenschale, die Vignola an Michelangelos Modell der Vierungskuppel angepaßt hatte. Rechnungsfunde belegen, daß della Porta diese Außenkuppel in den Jahren 1584 und 1585 abtragen und gemäß seiner Vorstellung für die zentrale Kuppel erneuern ließ.[249] Dies bedeutet, daß die Tilgung von Vignolas Außenschale nicht, wie Grimaldi es sah, die Folge der Entscheidung für della Portas Vierungskuppelwölbung war, sondern umgekehrt die Erneuerung der Nebenkuppel über der Cappella Gegoriana die Visitenkarte für die Errichtung der Hauptkuppel abgab.

Wie Bramante und Michelangelo vor ihm, so hatte della Porta mit der Errichtung eines exemplarischen Bauelementes nicht mehr hinterschreitbare Fakten geschaffen. Wenn die Vierungskuppel von der Wölbung der Nebenkuppel abgewichen hätte, so hätte die Außenschale unweigerlich ein zweites Mal abgerissen und erneuert werden müssen.

4. Letzte Neubauabrisse und Vollendung der Kuppel

Bevor Michelangelos Vierungskuppel nach den Vorstellungen della Portas errichtet wurde, war neben dem Abriß von Vignolas Nebenkuppelschale ein zweiter Abbruch vonnöten. 1585 schlug auch die Stunde von Bramantes Westchor *(Abb. 26)*. Unter der Leitung della Portas wurde er abgerissen und nach Michelangelos Muster der restlichen drei Kreuzarme wiederaufgebaut.[250] Michelangelo gab damit postum jenem Bauabschnitt die Form, mit dessen Grundlegung Bramante das Projekt des Julius-Grabes verhindert hatte.

Außer der ungeklärten Situation im Osten, wo das Langhaus der konstantinischen Basilika noch immer schroff gegen den Neubau stand, waren damit die Kreuzarme von Michelangelos Zentralbaumodell vollendet. Mit um so größerem Nachdruck drängte Sixtus V. della Porta ab Juli 1587 zur Vollendung auch der Vierungskuppel.[251] Ihm war ein Hauptanliegen, den Prozeß der INSTAVRACIO, mit der Sixtus IV. und Julius II. identifiziert worden waren, zu vollenden.[252] Als würden die letzten Tage bevorstehen, wechselten sich zur Fertigstellung der Kuppel Tag und Nacht ununterbrochen Schichten von je 800 Bauleuten ab – eine Vervielfachung gegenüber den 250 Arbeitern, über die Bramante maximal hatte verfügen können.[253] Während sich die Verbleiung der

Außenhaut noch bis in das Jahr 1593 hinzog, konnte tatsächlich im Mai 1590, noch während des Pontifikates von Sixtus V., der Schlußstein gesetzt werden.

Im Zuge der Fertigstellung der Kuppel wurde schließlich Bramantes Schutzhaus, das den Hochaltar und das Petersgrab hatte schützen sollen *(Abb. 29)*, überflüssig. Es wurde im Jahr 1592, zu Beginn der Amtszeit von Clemens VIII. (Januar 1592 – März 1605) abgerissen.[254] Damit verschwand ein letztes Mal ein Teil des Neubaues, nun aber nicht ein Fragment des Ganzen, sondern eine komplette Architektur im Kleinen. Komplett auch in dem Sinn, daß seine Rückwand durch die Apsis der alten Konstantinsbasilika gebildet war; mit dem *tegurium* verschwand auch der letzte Repräsentant der alten Kirche im Bereich des Apostelgrabes.

44 Anonymus B, Blick von Norden auf St. Peter. Berlin, Kupferstichkabinett, Berliner Skizzenbücher, I, Fol. 15 r.

VI DIE AUFHEBUNG VON ALT-ST. PETER

1. Renaissance und Abbruch Alt-St. Peters

Je stärker sich die Vollendung des Westbereiches von Neu-St.Peter abzeichnete, desto zwingender stellte sich die Frage nach dem Verbleib des noch stehenden Langhauses von Alt-St.Peter. Seine Situation hatte sich seit den späten dreißiger Jahren verbessert. Zunächst als offener Stumpf gegen Neu-St.Peter ragend, war sein Inneres der Witterung ausgesetzt, und sowie der Baubetrieb einsetzte, kamen Staub und Lärm hinzu, abgesehen von dem trostlosen Anblick, den die Baustelle bot. Man mußte aus dem Norden kommen wie Heemskerck, um den Neubauruinen einen kryptokritischen oder romantisch-melancholischen Reiz abzugewinnen.

Kurz nach der Abreise Heemskercks, in den Sommermonaten des Jahres 1538, wurde das Elend der Bauruine dadurch gemildert, daß Antonio da Sangallo wie bereits erwähnt die Trennmauer des *muro divisorio* errichtete, der das Langhaus von Alt-St.Peter von der Baustelle im Westen abschirmte.[255] Auf der Skizze eines unbekannten Zeichners erscheint links Sangallos Mauer, die dem wie vereinsamt in Distanz zum Neubau liegenden Langhaus eine neue Stirnseite gab *(Abb.44)*. Der Blick geht rechts auf den nördlichen und südlichen Vierungspfeiler und den Bramante-Chor. Unter den Vierungsbögen verstärken Reste der Innenwand von Alt-St.Peter den chaotischen und ruinösen Eindruck, während der Restkörper der alten Basilika kleiner, aber intakter wirkt.

Alt-St.Peter hatte damit zumindest im Langhaus den Charakter einer eigenständigen Kirche zurückgewonnen, deren reduzierte Geschlossenheit wie ein Menetekel gegenüber der Ruine des Neubaues wirken mußte. Allerdings zeigt die Zeichnung unter den drei Obergadenfenstern den Halbkreis einer riesigen Öffnung, die in die vierzig Meter hohe und fünfundsechzig Meter breite Mauer eingelassen war. Sie verdeutlicht, daß die Mauer das Langhaus zu-

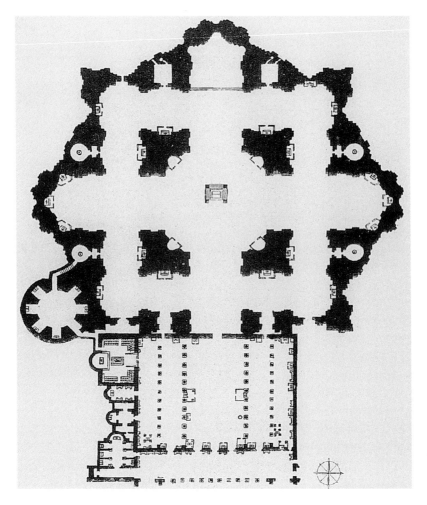

45 Grundriß von Michelangelos St. Peter und dem angrenzenden Restbau
von Alt-St. Peter (Rekonstruktion von L. Rice, 1997)

nächst nicht abschließen, sondern die Neigung der Seitenwände aufhalten und damit für Stabilität sorgen sollte, um dann eine kontrollierte, formal den Halbrundnischen der Kuppelpfeiler Bramantes angepaßte Verbindung zum Neubau zu erreichen: keine Trennungswand, sondern ein Scharnier, wie es auch eine Wiener Zeichnung ausweist, die das Langhaus als Ostflügel in Neu-St. Peter integriert.[256]

Die Situation währte aber nur wenige Jahre. Nachdem 1545 der östliche Kreuzarm von Neu-St. Peter an das alte Langhaus herangeschoben und mit diesem verbunden worden war, wurde die große Mittelöffnung geschlossen, und

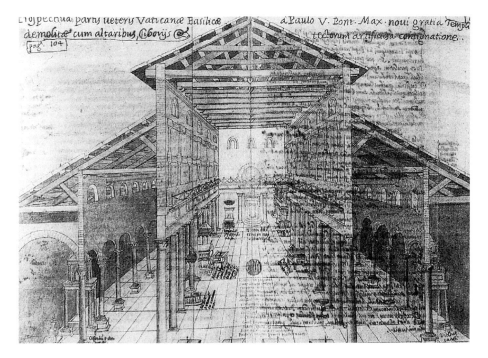

46 Blick durch das Langhaus von Alt-St. Peter gegen die Trennwand zu Neu-St. Peter. Vatikanstadt, Biblioteca Vaticana, Barb. lat. 2733, Fol. 104v–105.

dieser Zustand blieb bis zum Februar 1615 erhalten *(Abb. 45, 46)*. Der Vorgang ist rätselhaft, denn er verhinderte die ohne Frage berückende Blickwanderung vom konstantinischen Bau in die Weite und Höhe des nun stetig wachsenden Neubaues.[257] Erst im Moment, in dem beide Gebäude vereint waren, wurden sie nun auf Dauer getrennt. Möglicherweise haben sich hier erstmals Traditionalisten durchgesetzt, die mit dem vorläufigen Abschluß der unmittelbar benachbarten Arbeiten in Neu-St. Peter die Gelegenheit sahen, wenigstens das Langhaus in seinen authentischen Status zurückzuverwandeln.

Es blieb lediglich eine mittlere Türöffnung, die unter Gregor XIII. (Mai 1572–April 1585) in den siebziger Jahren höher gesetzt wurde, als die vermutlich aus Proportionsgründen erfolgte Anhebung des Bodens der Peterskirche um drei Meter die Langhauswand erreicht hatte. Sechs Stufen diesseits und sechs jenseits des *muro divisorio* vermittelten zwischen den unterschiedlichen Bodenniveaus *(Abb. 46)*[258].

Die 1545 erfolgte Abtrennung ermöglichte über einen Zeitraum von sechzig Jahren eine ungeahnte Renaissance des konstantinischen Restbaues. Eine Reihe von Baumaßnahmen sicherten den Bestand; Gregor XIII. ließ den ge-

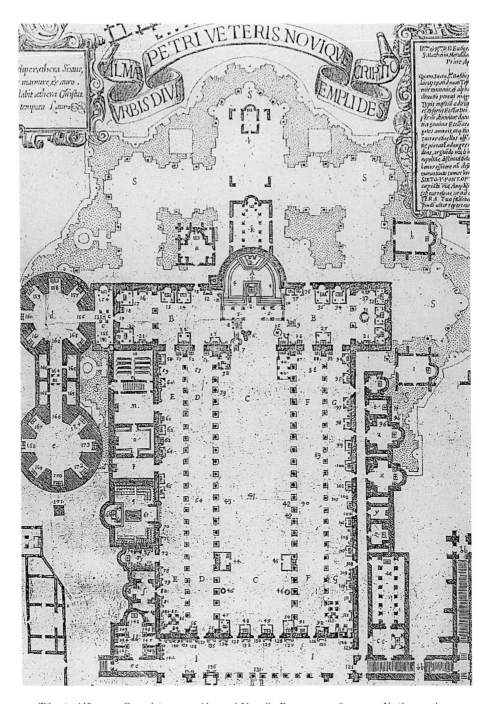

47 Tiberio Alfarano, Grundrisse von Alt- und Neu-St. Peter, um 1580–1590, Vatikanstadt, Biblioteca Apostolica Vaticana

samten Bodenbelag erneuern, und noch 1601 ist Clemens VIII. über den erfolgreichen Abschluß von dreijährigen Restaurierungsarbeiten am Gebälk erleichtert, die verhinderten, daß die alte Kirche aufgegeben würde.[259] Es gab neue Stiftungen, Gräber wie das für Papst Leo XI. wurden eingerichtet, und die aus den Westteilen übertragenen Kultobjekte wurden reinszeniert. Alle neuen Einrichtungen und auch zusätzliche Ausstattungen wurden auf Dauer angelegt, und peinlich wurde jedes Zeichen vermieden, daß der Neubau Schätze und Funktionen der alten Basilika übernehmen würde; keine Heiligenkapelle wurde verdoppelt und kein Kultobjekt wurde von Alt- nach Neu-St. Peter überführt. Das konstantinische Langhaus schien neben Michelangelos Zentralbau koexistieren zu können.[260]

Eine dauerhafte Kombination beider Baukörper, wie sie die erwähnte Wiener Zeichnung vorsah,[261] schien die Möglichkeit zu bieten, das triumphale Wirken der Kirche in der Zeit von den Ursprüngen bis in die Gegenwart zu symbolisieren. Der Weg vom Atrium durch das Langhaus als einem lebendigen Museum der Kirchen- und Heilsgeschichte bis zur Trennwand sowie anschließend zur modernen Kuppelkirche, die so effizient wie prachtvoll die triumphierende Kirche verkörpert hätte, wäre eine *via triumphalis* der Gegenreformation geworden.

Vor diesem Hintergrund wurde Michelangelos Zentralbau gegen Bramantes gerichtete Anlage, der das gesamte Langhaus zum Opfer gefallen wäre, selbst von den Verteidigern des konstantinischen Baues in Schutz genommen. So lobte der christliche Archäologe Pompeo Ugonio Michelangelo dafür, daß er Bramantes ausgreifendes Projekt zurechtgestutzt und in einen Zentralbau verwandelt habe, der das Langhaus nicht antasten würde.[262] Ähnlich argumentierte Kardinal Cesare Baronio, der Michelangelos Zentralkirchenplan bekräftigte, damit wenigstens noch die Reste des Langhauses erhalten blieben.[263]

Das Votum für das konstantinische Langhaus geriet aus gegenreformatorischer Sicht jedoch in den unauflösbaren Widerspruch, daß, wer für den Erhalt eines Langhauses eintrat, das zu einer kreuzförmigen Basilika gehört habe, nicht im selben Atemzug für eine so pagane Bauform wie einen Zentralbau sprechen konnte. Der Zentralbau Michelangelos, so wurde argumentiert, sei dem katholischen Ritus nicht zugänglich, und daher müsse sein Ostarm verlängert und erweitert werden, um die Form eines Kreuzes zu gewinnen.[264] Daß ein solches auf Kosten des konstantinischen Langhauses gehen mußte, erschien aus dieser Perspektive als das kleinere Übel.

An diesem Salto mortale der Verteidiger der Tradition hatte vor allem Tiberio Alfarano, Kanonikus von St. Peter, einen maßgeblichen Anteil. Nach lang-

48 Carlo Maratta, Alt- und Neu-St. Peter, Frontispizstich, 1673

jähriger Forschung vermochte er im Jahr 1571 einen Plan der alten Basilika samt Ausstattung fertigzustellen, den er in Stefano Dupéracs 1569 gefertigten Grundriß von Neu-St. Peter eintrug. Dieser Plan, den Alfarano 1576 in verbesserter Form vorlegte, wurde 1590 gestochen und fand in dieser Form verschiedene Auflagen (Abb. 47).[265]

Mit Alfaranos Plänen legte sich der Schatten von Alt-St. Peter über den Neubau, wie um die Geschichte zumindest in der Erinnerung rückgängig zu machen. Der schwarze Grundriß des Altbaues überlagert den Bauplan Michelangelos, der wie eine Negativfolie im Hintergrund liegt; an keiner Stelle ist die konstantinische Basilika von Michelangelos Bauwerk hinterlegt oder überschnitten. Dadurch frißt sich Alt-St. Peter mitsamt seinen Anbauten durch die Ostflanke von Michelangelos Zentralbau. In der Verbindung beider Körper entsteht das Kompositum eines nach Osten verlängerten, gerichteten Baues.

Die Suggestion dieses Planes war so unwiderstehlich, daß er alle folgenden Veränderungen von Neu-St. Peter überlebte. Im Jahr 1673, gut hundert Jahre nach der Erstveröffentlichung, machte ihn Carlo Maratta zum Emblem des Gedankens, daß die konstantinische Basilika im Neubau überdauert habe. Auf seinem Frontispizstich präsentiert die Ruhmesgöttin einem Imperator und einem Papst den riesigen, in Anlehnung an den Alfarano-Stich gestalteten Grundriß, auf dem Michelangelos Zentralbau erneut hinter den schwarz eingetragenen Linien der konstantinischen Basilika zurückfällt (Abb. 48). Zumindest in der Erinnerung schien sich die konstantinische Basilika gegen den gesamten Neubau durchgesetzt zu haben.[266]

Die tatsächliche Wirkung des Alfarano-Stiches war dieser Bewahrung der Geschichte jedoch diametral entgegengesetzt. Er hätte zunächst für die Koexistenz des konstantinischen Langhauses mit dem Zentralbau Michelangelos gewertet werden können. Ein solch in sich heterogener Doppelbau hätte aber gegen die von Alfarano propagierte homogene Anthropomorphie des Kirchenkörpers gesprochen. Angesichts des von ihm selbst mitproduzierten Dilemmas, entweder den konstantinischen Langhausbau zu retten und damit den Zentralbau Michelangelos zu akzeptieren oder Neu-St. Peter in einen Longitudinalbau zu erweitern und damit den Rest von Alt-St. Peter zu opfern, hat sich Alfarano zu einem durchgängigen Neubau in Form des Kreuzes durchgerungen.[267]

Gerade Vertreter einer *Historia sacra* wie Alfarano, die der protestantischen Verfallstheorie eine Kontinuitätslinie von der christlichen Antike bis in die Gegenwart entgegenstellten, waren in ihrer Fixierung auf die konstantinischen Basilika gezwungen, gegen Michelangelos Zentralbauprojekt zu sprechen. Mit dem Votum für die Kreuzform des Neubaues aber war besiegelt, daß auch der letzte Rest des frühchristlichen Baues, das konstantinische Langhaus, verschwinden würde. Alfaranos Idee, es unter einem neuen Langhaus als Grottensystem zu bewahren,[268] war ein Kompromiß, der die selbstproduzierte Niederlage kompensieren sollte. Auch der Alfarano-Plan, dieses vielleicht wirksamste Propagandamittel der Reste des konstantinischen Langhauses, förderte das Gegenteil dessen, was es bewirken wollte.

Aus dem von den Verfechtern der *Historia sacra* als tragisch empfundenen und lange unentschieden Konflikt, die basilikale Kreuzform im Neubau bewahren zu wollen, hierfür aber das Vorbild opfern zu müssen, half das konstantinische Langhaus selbst, indem es die Vorwände lieferte, die zu seiner Abschaffung führten. Seine Zeichen der Baufälligkeit führten zu Überlegungen, die Statik durch Anbauten zu verbessern. Unter Clemens VIII. waren aus der südlichen Außenmauer, gegenüber der Rotunde von S. Maria della Febbre (St. Andrea) *(Abb. 47)* Stücke herausgefallen, so daß im Jahr 1604 die Idee entstand, hier und auf der gegenüberliegenden Seite zwei neue Kapellen anzufügen, »um die alte Kirche zu sichern«.[269] In diesem Zusammenhang hat Carlo Maderno, der im Jahr 1603 gemeinsam mit Giovanni Fontana den Posten della Portas als erster Architekt eingenommen hatte, eine erste Zeichnung vorgelegt, die den Einstieg in die Erweiterung des Neubaues nach Osten bedeutete,[270] weil sich die östliche Erweiterung in den Köpfen festsetzte, dort eine Eigendynamik entfaltete und unterschwellig den Gedanken bestärkte, das konstantinische Langhaus insgesamt abzureißen.

Dieses Ziel hatte Paul V. (Mai 1605–Januar 1621) von Beginn an im Auge, aber die Folge sich widersprechender Meinungen, Verlautbarungen und Handlungen läßt erkennen, daß er keineswegs einhellige Unterstützung fand, sondern entschiedenen Widerstand zu überwinden hatte. Seine erste Maßnahme war eine Straffung der Baukommission und eine Besetzung der entscheidenden Posten durch Gefolgsleute. Er setzte auf Beschluß vom 15. Juni 1605 eine Kommission von nur drei Kardinälen ein, der neben dem Erzpriester St. Peters, Giovanni Evangelista Pallotta, auch Benedetto Giustiniani und Pompeo Arrigone angehörten. Am selben Tag wurde die Gründung einer zweiten Kommission bekannt gegeben, die sich der Kontrolle der Mittelvergabe widmen sollte.[271] Die Zielvorgabe lag darin, daß man die beiden projektierten Kapellen errichten und »die alte Kirche von St. Peter abreißen würde«[272]. Die Sprachregelung läßt offen, ob die Basilika nur bis zur Erstreckung der beiden neuen Kapellen niedergelegt werden oder ob sie insgesamt fallen sollte, und diese Unbestimmtheit wird intendiert gewesen sein.

Die Befürworter der Niederlegung Alt-St. Peters werden es wie ein Geschenk des Himmels empfunden haben, als im September 1605 ein Architekturteil eines der Fenster des Obergadens während der Messe herabstürzte.[273] Am 17. September beschloß eine Zusammenkunft der beiden neugegründeten Kommissionen, daß die alte Kirche abzureißen sei, »weil sie zur Ruine zu werden drohe«[274]. Paolo Emilio Santoro hielt fest, daß Kardinal Cesare Baronio dem drohenden Beschluß zum Abriß der alten Basilika auf der entscheidenden Sitzung am 26. September 1605 jedoch »leidenschaftlich und gottesfürchtig« widersprach. Baronio zählte die Reihe der in Gefahr stehenden Objekte der Verehrung auf, um mit der Prophezeihung zu enden, daß »die Gemüter aller in Elend, Trauer und Schmerz gekehrt« würden. Auch die Emphase seines Schlusses »und eine solche Kirche wird durch unsere Hände zerstört werden!«, fruchtete jedoch nichts.[275] Paul V. verkündete ungerührt, daß kein Weg daran vorbeiführe, das Langhaus von Alt-St. Peter abzureißen, weil es baufällig sei und nur mit immensen Geldmitteln repariert werden könne.[276] Am 1. Oktober befahl der mit dem Abbruch und der Rettung der wertvollen Gegenstände beauftragte Kardinal Pallotta den Beginn der Niederlegung, nachdem er das Heilige Sakrament von Alt- nach Neu-St. Peter überführt hatte.[277] Jene Energie, die zu Bramantes Niederlegungsplan von 1505 hatte, kam nun, nach genau hundert Jahren, zum Ziel.

Selbst in dieser Situation aber formulierten die Kanoniker von St. Peter eine Petition, die eine Ablehnung des Abrißbeschlusses vom 26. September 1605 bedeutete. Sie argumentierten, daß die konstantinische Basilika keinesfalls baufällig sei.[278] Da über statische Probleme schon Mitte des fünfzehnten Jahrhunderts geklagt worden war, die Wände und das Dach aber dennoch über hundertfünfzig weitere Jahre, und dies trotz der Beeinträchtigungen durch die

Baustelle der neuen Peterskirche, gehalten hatten, ist die Argumentation der Langhausverteidiger trotz der unter Clemens VIII. und Paul V. aufgetretenen neuen Bauschäden nicht von der Hand zu weisen. Auch für die letzte Etappe drängt sich der Eindruck auf, daß das Argument der Baufälligkeit ins Spiel gebracht wurde, um das Abrißunternehmen als ein Gebot von Sachzwängen zu begründen und damit aus der Diskussion zu nehmen. Den Kanonikern ging es schließlich allein mehr darum, die bestmögliche Konservierung der Schätze des alten Langhauses zu fordern.[279]

In einer mehrstufigen Abfolge mußten die Grabmonumente und Reliquienbehälter geöffnet, die Überreste gehoben, registriert und zu neuen Bestimmungsorten überführt werden, bevor dann die Abbrucharbeiten einsetzen konnten. Bereits Ende Januar 1606 war die Kirche soweit geräumt, daß am 3. Februar mit den Abbrucharbeiten begonnen werden konnte. Das Dach des Mittelschiffes wurde innerhalb eines Monats abgetragen, und noch im April wurden auch die Dächer der Seitenschiffe entfernt.[280] Einen Einschnitt bedeutete ab August 1608 die Niederlegung der Nordwand von S. Maria della Febbre, die in ihren übrigen Teilen als letztes Objekt des alten Ambientes aber stehen blieb, weil der Neubau sie nur tangierte.[281] Ende 1609 wurde die Kapelle Sixtus' IV. abgerissen, und mit ihrer Niederlegung mußte im Februar des folgenden Jahres das Grabmal des Papstes weichen, das über Michelangelos Julius-Grab vermittelt dazu beigetragen hatte, daß die konstantinische Basilika fallen mußte.[282] Einen weiteren Einschnitt bedeutete der Abbruch des Glockenturmes der alten Eingangsfront im Oktober 1610 *(Abb. 32)*.[283] Noch im November des folgenden Jahres hieß es, die Abrißarbeiten gingen mit bemerkenswerter Hast, *a furia*, voran.[284] Am Tag vor Weihnachten des Jahres 1614 wurde schließlich Geld für die Beseitigung des *muro divisorio* bereitgestellt,[285] der am 24. März 1615 fiel.[286] Zwar standen noch einige Reste der alten Seitenmauern, aber das Einreißen der monumentalen Wand Antonio da Sangallos von 1538, die zunächst Alt- vor Neu-St. Peter, dann aber den Neubau vor dem Abriß der Basilika geschützt hatte, muß wie das feierliche Wegziehen eines Vorhanges gewirkt haben. Ein vom historischen Moment überwältigter Bericht des 12. April besagt, daß durch das Niederlegen der Mauer erstmals die riesige Kirche zur Bewunderung aller ganz zu überblicken sei.[287] Grimaldi allerdings kommentierte lakonisch: »Die Trennmauer zwischen der alten und neuen Basilika wird abgerissen, und die Ruinen der alten Kirche gehen unter.«[288]

2. Madernos Langhaus

So zielgerichtet der Abbruch des konstantinischen Langhauses vonstatten ging, so verwirrend vollzog sich seine Ersetzung durch den Neubau Madernos. Sein Langhaus mit der abschließenden Fassade bestimmt die Erscheinung St. Peters nach Osten, die neben viel Lob auch unversöhnliche Kritik hervorgerufen hat. Die von Bramante, Sangallo und Michelangelo geblendete Forschung hat Maderno nicht in gleicher Weise beachtet, und entscheidende Fragen seiner Tätigkeit sind ungeklärt.

Dies ist so verständlich wie bedauerlich, denn was an Maderno mißfällt, ist kein Gegensatz zur Vorgeschichte, sondern deren Konsequenz. Die Wechselsprünge, unter denen Madernos Langhaus entstand, waren so komplex und widersprüchlich wie noch jede Bauetappe seit der prekären Übereinstimmung von Julius II. und Bramante. Die zum Langhaus Madernos führenden Entscheidungsprozesse gehören zu den Normalfällen der Baugeschichte St. Peters und nicht etwa zu deren Ausnahmen.

Die Achillesferse von Michelangelos Modell war der an die Scheidewand zur alten Basilika stoßende östliche Kreuzarm, den er als Fassade seines Zentralbaues vorgesehen hatte, ohne daß er die Form dieses Abschlusses hätte festlegen können. Zwar schienen die Dupérac-Stiche *(Abb.3, 42)* Michelangelos Vorstellungen zu entsprechen,[289] aber da hier noch keine Baumaßnahmen eingeleitet worden waren, blieb ein größerer Spielraum als bei den übrigen Bauabschnitten. Die liturgisch und funktional begründete Argumentation, daß der Zentralbauplan Michelangelos keinen Raum für Sakristeien, ein Baptisterium und andere Diensträume vorgesehen hatte,[290] war ein Hauptantrieb, die Kirche nach Osten hin über das Maß Michelangelos hinaus zu erweitern. Ihr Hebel war, wie gesehen, die Baufälligkeit des konstantinischen Langhauses; schon 1604 war diese als Argument genutzt worden, daß sich durch zwei neue Stützkapellen »das Schiff der Kirche verlängere«[291]. Kurz nach dem Amtsantritt Pauls V., am 18. Juni 1605, setzte er die neue Baukommission mit der Zielvorgabe ein, »einen Weg zu finden, um den Bau der Peterskirche in Übereinstimmung mit dem Plan von Michelangelo zu vollenden«[292]. Vermutlich war diese Formulierung eine Beschwichtigung gegenüber den Verteidigern des Langhauses der konstantinischen Basilika, denn der Zentralbau Michelangelos hatte die Frage, ob dieses abgerissen oder beibehalten werden sollte, noch nicht entschieden.

Die Notwendigkeit, über die Gestalt des vierten, östlichen Armes konkret nachzudenken, ergab sich, als die im September 1605 begonnenen Abbruchmaßnahmen der alten Basilika einen Horror vacui schufen. Im Winter 1605/06 wurde ein Wettbewerb ausgeschrieben, von dem zumindest die Diskussion vom 18. Januar 1606 über ein im wesentlichen im Rahmen von Michelangelos Zentralbauplan bleibendes Modell überliefert ist.[293] Als Sieger ging Maderno mit einem Vorschlag hervor, der dem Zentralbau Michelangelos eine dreischiffige Vorkirche mit einer Vorhalle anschloß *(Abb.49)*. In der Achse der nördlichen und südlichen Seitenschiffe des Zentralbaues projektierte Maderno zwei rechteckige Kapellen für den Kanonikerchor und die Sakristei. Da diese eine Verlängerung der Seitenschiffe verhinderten, ließ er die Vorkirche und die Vorhalle stufenweise nach innen springen, so daß sich aus mittlerer Distanz ein weiter Blick über den

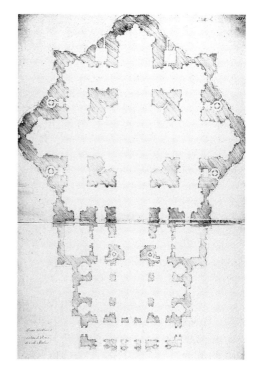

49 Carlo Maderno, Projekt für St. Peter, Zeichnung 1505–06. Florenz, Uffizien, Gabinetto dei Disegni e delle Stampe, Fol. 264A

gestaffelten Vorbau auf die Außenwände des südlichen und nördlichen Querarmes ergeben hätte.[294] Im Mittelschiff behielt Maderno die Innenkrümmung des Abschlusses von Michelangelos östlichem Chorarm bei, so daß sich der Gesamtraum nach Durchquerung der Vorkirche Madernos als eigener Körper präsentiert hätte. Maderno hatte die liturgischen Bedürfnisse erfüllt, zugleich aber die Pietät gegenüber dem Bau Michelangelos gewahrt, dem sich die Vorbauten unterordneten.

Am 8. März 1607 begannen Grabungen für die Fundamente des Neubaues östlich der Cappella Gregoriana, und am 7. Mai wurde dort der Grundstein gelegt.[295] Zusätzlich fertigten Tischler ab März ein Holzmodell nach dem gezeichneten Plan Madernos,[296] das zum Mittel einer ersten, öffentlich inszenierten Kehre in der Baupolitik wurde. Selbst aus den dürren Worten des Chronisten geht hervor, welche Überraschung es bedeutete, als Paul V. am 11. September 1607 nicht etwa die Baugrube besichtigte, sondern die Tischler aufsuchte, um »das Modell des zu leistenden Restes des Baues zu sehen«. Der Papst zeigte sich dem Bericht zufolge von der »außerordentlich schönen« Fassade so angetan, daß er befahl, mit ihr zu beginnen und sie innerhalb von sechs Jahren zu beenden.[297] Dieser plötzliche Wechsel des Baubeginns vom schon bestehenden Bau im Westen zu einem Punkt jenseits der alten Basilika im Osten ist, so obskur er auf den ersten Blick erscheinen mag, weniger erstaunlich, wenn er als ein neuerlicher Akt gewertet wird, unumstößliche Fakten zu schaffen. Paul V. wollte offenbar das Atrium in die Abrißarbeiten einbeziehen und zugleich das Maß des neuen Vorbaues fixieren.

Die folgende Hast spricht Bände. Schon am 28. September wurden 75 Marmorstücke aus dem alten Atrium der konstantinischen Basilika abtransportiert, und am 12. Oktober hieß es, daß Bauarbeiter im Akkord, *a cottimo*, den Abbruch von Mauern im Atrium geleistet hätten, »wo man die Fassade der neuen Kirche herstellen soll«.[298] Am 5. November wurde »zur Freude der römischen Bürger« ein erster Grundstein an der Südecke gelegt, von wo aus die Verbindung zum Kreuzarm geschehen sollte.[299] Es war ein symbolischer Akt, weil diese erst Jahre später, nach der Demolierung des gesamten konstantinischen Langhauses, vollbracht werden konnte.[300] Am 10. Februar 1608 wurde daher ein zweiter Grundstein in Gegenwart des gesamten Klerus von St. Peter gelegt.[301] Erneut wirkte ein einzelnes Bauteil als Geisel für ein weitaus größeres Projekt.

Wie aus einem Bericht über eine zwei Monate nach der Grundsteinlegung, am 16. April 1608 abgehaltene Sitzung der Baukommission hervorgeht, waren ihre Mitglieder angesichts des überfallartigen Vorgehens gespalten. Offenbar war mit dem Baubeginn bei der Cappella Gregoriana nur die Vereinbarung verbunden, daß der Ostarm geschlossen werden würde, nicht aber, bis zu welchem Ausmaß Madernos Projekt gefolgt werden sollte. Hierüber, so ist zu schließen, sollte nach Analyse des Holzmodells entschieden werden. Der *fait accompli* des Papstes muß vor diesem Hintergrund als ein Bruch der Vereinbarung gewertet worden sein, auf den die Deputierten reagieren mußten. Jene, die sich in dem Zwiespalt befanden, einerseits überrumpelt worden zu sein, andererseits aber zur Loyalität verpflichtet waren, sollten zu einer Resolution gezwungen werden: »Bei der Ankunft des Kardinals Arrigone wird man also von den Deputierten der Baukommission eine Resolution über den Bauplan St. Peters abverlangen, wie man weiter verfahren soll, weil sie bislang unentschieden sind, ob sie in der begonnenen Weise fortfahren, den ersten Entwurf verkleinern, oder gar den [aller]ersten, der von Michelangelo Buonarotti ist, befolgen wollen.«[302]

Die Anhänger des Zentralbaumodells Michelangelos waren demzufolge der Auffassung, das begonnene Vorhaben zu reduzieren oder ganz zum Zentralbauplan Michelangelos zurückzukehren. Zu den Vertretern dieser Lösung gehörten Kardinal Paolo Maggi, Paolo Rughesi und Maffeo Barberini, der spätere Urban VIII., der im selben Jahr 1608 Mitglied der Baukommission St. Peters geworden war. Noch in einem Brief vom 24. Mai an den Papst setzte er sich mit allen Kräften dafür ein, daß der Zentralbauplan Michelangelos wiedereingesetzt werden sollte.[303] Mit welcher Entschlossenheit aber die Partei des Langhausprojektes, zu deren Führern neben dem angesprochenen Kardinal Arrigone auch die Kardinäle Pallotta und Bartolomeo Cesi gehörten,[304] vorging, zeigt der zwei Monate später erfolgte Beschluß. Die Langhaus-Befürworter verhinderten nicht nur die Rückkehr zu Michelangelos Modell, sondern sie setzten eine Überbietung des bereits Begonnenen durch. Am 16. Juni 1608 entschied die Baukommission, »daß man dem Plan des Architekten Carlo Maderno folgen und so bald wie möglich das abreißen wird, was bereits begonnen wurde«[305].

Dieser Beschluß über den Abbruch der soeben erfolgten Baumaßnahmen wirkt ohne die Vorgänge der Jahrzehnte zuvor obskur und unbegreiflich. Vor dem Hintergrund der Baugeschichte aber folgte er der üblichen Praxis, Widersacher durch das Niederreißen bereits gebauter Teile zu besiegen. Die Langhaus-Befürworter hatten sich gemeinsam mit dem Papst gegen die Florenz-Fraktion der Michelangelo-Verehrer durchgesetzt, indem sie das Bestreben, eine bereits begonnen Bauetappe wieder zurückzunehmen, zwar aufnahmen, aber nicht, um zu Michelangelos Vorgabe eines Zentralbaues zurückzukehren, sondern um sich noch weiter von ihm zu entfernen und einen nochmals erweiterten Langhausplan umzusetzen.

Maderno akzeptierte die Aufgabe, den Langhausbau aus seinem bisherigen Projekt zu entwickeln. Er hatte zunächst versucht, auch in seinem erweiterten Langhausprojekt eine auf die Mitte bezogene Eingangssituation zu schaffen und auf die Breite des heutigen Inschriftfeldes zu konzentrieren. Zug um Zug wurde ihm diese Rhythmisierung zugunsten einer Verbreiterung der Fassade aus der Hand genommen.[306] Damit war der Abschied von Michelangelos Zentralbaukonzept besiegelt. Die Stiche Matthias Greuters, die den Grundriß und den Aufriß der Fassade aus Anlaß der Vollendung der Fassade im Jahr 1613 aufnehmen *(Abb. 50, 51)*, zeigen, daß der östliche Kreuzarm von Michelangelos Modell zum letzten Joch einer dreischiffigen, mit Seitenkapellen versehenen Basilika geworden ist. Die beiden Seitenkapellen sind unverändert geblieben, aber die Vorhalle dehnt sich nun über deren Breite hinweg aus, so daß Mader-

50 Matthäus Greuter, *Pianta della Chiesa di San Pietro*, 1613

nos Idee, den östlichen Vorbau auf Michelangelos Kuppelraum gestaffelt auszurichten, in ihr Gegenteil verkehrt war.

Der Grund für diese Ausweitung war der am 2. September 1612 verkündete Beschluß Pauls V., an den Seiten zwei Glockentürme zu errichten, welche »die Fassade im Vergleich zur Grandezza der alten Kirche, die nach der Architektur Michelangelos geschaffen wurde, größer und proportionierter erscheinen lassen werden«[307]. Diese Begründung läßt staunen, weil sie keine historischen oder theologischen Motive, sondern allein die ästhetische Konkurrenz zum Bau Michelangelos anführt. Bemerkenswert ist auch, daß in dem Moment, in dem die konstantinische Basilika vom Erdboden getilgt ist, der Begriff der »alten Kirche« auf den Neubau Bramantes und Michelangelos überging. Dieser stellte, knapp fünfzig Jahre nach Michelangelos Tod, den Komplex, gegenüber dem sich das Langhaus Pauls V. als *Neubau* zu beweisen suchte. Der futuristische Charakter der Baugeschichte von St. Peter hatte sich erneut durchgesetzt, indem die Definitonsrahmen des »alt« und »neu« um eine Stufe nach vorn gesprungen waren.

Offensichtlich ging es Paul V. nicht allein darum, St. Peter zu vollenden, sondern darum, nochmals mit einer unverwechselbaren Novität seinen eigenen Anteil zu markieren und damit die Tradition von Julius II., Paul III. und Sixtus V. weiterzuführen. Mit Hilfe von Madernos Langhaus, das in seinem Raumvolumen alles übertraf, was in der Amtszeit früherer Päpste geleistet worden war, wurde Michelangelos Bau in eine »alte Kirche«, *tempio vecchio*,

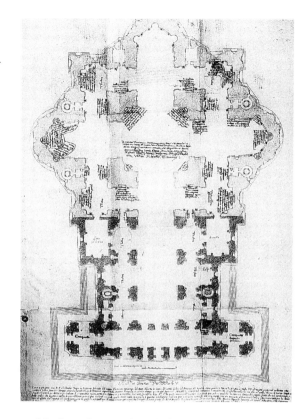

51 Matthäus Greuter, Grundriß von St. Peter und Widmungsbrief Madernos, 1613

verwandelt. Es muß für Paul V. daher ein enervierender Gedanke gewesen sein, seinen eigenen Bau, der einen neuen, epochalen Maßstab liefern sollte, nicht auch in der Fassade sichtbar werden zu lassen. Mit Hilfe der beiden Ecktürme aber konnte seine Eingangsfront mit Michelangelos Kuppel konkurrieren.

Der Vorgang entsprang den gewandelten Kräfteverhältnissen. Im sechzehnten Jahrhundert hätte Maderno noch die Instanz sein können, ihm entgegenzutreten, nun aber entschieden Kleriker. An Maderno ist die Wirkung zu ermessen, die Michelangelos Kampf um die Verpflichtung der Nachwelt auf sein Modell gebracht hatte. Da die Architekten an der Treue gegenüber dem Modell gemessen worden waren, hatten sie ihre Hoheit über die Form verloren, und damit hatten sich die Fronten verkehrt. Der Anspruch Michelangelos war auf die Kleriker übergegangen, und es waren nicht mehr die Architekten der Sangallo-Sekte, die Michelangelos Projekt zu Fall gebracht hatten, sondern kirchliche Würdenträger, die zuvor über Michelangelos Modell gewacht hatten. Die langfristige Wirkung von Michelangelos Dequalifizierung der Architekten hatte Paul V. selbst zu einem Über-Architekten gemacht. Indem dieser mit Maderno über einen Mitarbeiter verfügte, der jede Änderung mittrug, geschah schließlich, was Michelangelo mit all seinen Kräften zu vermeiden versucht hatte.

Die Abschlußarbeiten gingen unter so ungeheurem Druck voran, daß sich erneut über siebenhundert Arbeiter Tag und Nacht in Schichten ablösten. Ein riesiges Sonnenzelt ermöglichte die Arbeit am Tage, und nachts wurde die Baustelle durchgängig beleuchtet. Im Juli 1612 stand die Fassade.[308] Im folgenden Jahr widmete ihr Matthias Greuter den offiziellen Stich, der auch die riesige Inschrift des Vollenders der Basilika zeigt: PAVLVS BORGHESIVS ROMANVS *(Abb. 50)*[309]. »Nicht Petrus, sondern Paulus ist das Haus gewidmet«, hieß es in einer Pasquinate.[310] Die unerhörte Anstrengung, die auf die Vollendung von Neu-St. Peter in der Endphase verwendet wurde, wird daran sichtbar, daß das Langhaus Ende 1614 bereits vorzeitig geschlossen werden konnte.

3. Rhetorik des Bewahrens

Zur Repräsentation des vollendeten Bauwerkes gehörte Madernos Widmungsbrief vom 30. Mai 1613 an Paul V., der auf Greuters Stich des Grundrißplanes eingetragen wurde *(Abb. 51)*. Dieser setzte einen rhetorischen Schlußpunkt unter die lange, über hundert Jahre währende Geschichte von Neubau und Abriß. Madernos Rechtfertigung bot mit der Frage der Baufälligkeit zunächst das unverfänglichste Argument für die Niederlegung der konstantinischen Basilika auf: »Hundert Jahre und mehr sind es her, Heiliger Vater, daß der alte, durch Konstantin den Großen errichtete Tempel des Vatikan, der vom heiligen Silvester zu Ehren des höchsten Gottes und des Ersten der Apostel geweiht war, baufällig war.«[311] Allein wegen dieser Fragilität habe Julius II. die Niederlegung von Alt-St. Peter begonnen: »Daher stürzte Papst Julius II. heiligen Angedenkens diesen teilweise ein, und auf demselben Platz begann die neue hochberühmte Kirche gemäß der Architektur Bramantes, der durch Antonio da Sangallo und anderen, und nach diesen durch den hochberühmten MICHELANGELO Buonarotti gefolgt wurde; sie ist nun wiedererneuert und in der Form verschönert, in der man sie jetzt sieht.«[312]

Nach dieser kurzgefaßten Geschichte des westlichen Zentralbaues, der die Wechselsprünge der Baugeschichte in eine sukzessive Linie harmonisiert, leitet Maderno zur Situation über, aus der heraus der Auftrag zur Erweiterung nach Osten entstand: »Eurer Heiligkeit wurde durch den Bericht der bedeutendsten Architekten mitgeteilt, daß die neue Kirche unfertig und die alte als irreparable Ruine baufällig und gefährlich war. Geleitet durch die ihr eigene Barmherzigkeit, und um ein tränenreiches Blutbad unter dem gläubigen Volk, das hier umherlief, zu vermeiden, erließ Sie die Anordnung, daß man die alten Mauern niederreißen solle, voller Mißfallen darüber, daß man sie nicht mehr aufrecht halten könne.«[313]

In diesem Moment, in dem Maderno den Befehl zur Tilgung aller Reste der alten Basilika zitiert, gibt er auch der neu entstandenen, kompensatorischen Sentimentalität gegenüber dem Verlorenen den gebührenden Kredit: »Aber da man zur Ausführung dieser Anordnung mehr als einmal zusammenkommen mußte, weil es in der hochberühmten, neu begonnenen Kirche wegen der Verehrung und Wertschätzung des heiligen Ortes, der so viele Körper von Heiligen und Märtyrern Christi beherbergte, notwendig war, daß er nicht durch profanen Gebrauch befleckt werden sollte, und um die Stoffe der heiligen Reliquien, die Erinnerung an den heiligen Silvester und die Ehrerbietung an Konstantin zu retten, befahl [Eure Heiligkeit], mit der neuen Kirche die Reste der alten zu umschließen und wieder zu bedecken.«[314] Die pietätvolle Umgreifungsmetapher sollte alle Kritik ersticken, weil sie vorgab, das Zerstörte im neuen Bauwerk zu bewahren. Wer dennoch am alten Langhaus festhielt, mußte im Lichte dieser Argumentation als Spielverderber erscheinen, der auf etwas beharrte, was keinesfalls verlorengegangen war, weil es – Hegels dreifache Bedeutung des »Aufhebens« kommt in den Sinn – in der Tilgung auch auf eine höhere Stufe gehoben und dort bewahrt worden war.

Die praktischen und liturgischen Komponenten des Beschlusses enden nochmals mit der Vorstellung, daß der neue Bauabschnitt die alte Basilika umgreifen und damit bewahren würde: »Und damit dies mit größerer Sorgfalt und größerem Fleiß geschehe, benannte Eure Heiligkeit eine Kommission von Kardinälen mit weiten Vollmachten der Oberaufsicht und der Befehlsgewalt, soweit es ihnen opportun erschien. Als sie zusammengekommen waren, gefiel es ihnen, eine erste Resolution vorzulegen, daß man für den heiligen Kultus einige Möglichkeiten schaffen solle, die in dem bereits Errichteten fehlten: wie der Chor für den Klerus, die Sakristei, das Baptisterium, ein weiter Portikus, die Benediktionsloggia sowie die Fassade, die den gesamten Raum der alten Kirche umgreifen sollte.«[315]

Nach dieser erneuten Metapher des Umarmens und Bewahrens der alten Basilika, die jeden Vorwurf von Maderno nehmen mußte, daß er ein *rovinatore* wie Bramante gewesen sei, folgt der Bericht über die Auftragsvergabe an ihn selbst. Seine eigene Aktivität, mit deren Hilfe er den Papst überzeugen konnte, verwandelt er in die objektive Entscheidung eines Schiedsgerichtes: »Da es nun an jene Architekten gefallen war, die zu dieser Zeit in- oder außerhalb von Rom einen gewissen Namen hatten, zu bestätigen, daß sie von jenen geistvollen Männern den Preis verstanden hatten, daß ihre Entwürfe die obengenannten Einrichtungen enthalten sollten, und nachdem jeder von ihnen dieser Kommission seine Erfindung und Zeichnung präsentiert hatte, gefiel es den ehrenwerten Herren, denen diese Last oblag, in allgemeiner Übereinstimmmung den Vorschlag, der ihnen von mir vorgelegt und vorgeschlagen worden war, gnädig anzunehmen.«[316]

Er selbst, so fährt Maderno nach der üblichen Bescheidenheitserklärung[317] fort, habe dieses Ziel gewissenhaft ausgeführt und zugleich Rücksicht auf Michelangelos Plan genommen, was aus dem Stich sichtbar werde, der beide Grundrisse, sowohl den Michelangelos wie auch den seiner eigenen Anbauten, verbinde: »Ich habe dafür gesorgt, die Einheit der beiden Pläne in eine Platte zu schneiden, von denen der punktierte das frühere, nach der Angabe MICHELANGELOS Geschaffene darstellt, der durchgezogene aber den von mir geschaffenen Teil bezeichnet, damit der Welt der Grundriß der Kirche, des Portikus, der päpstlichen Loggia und der gesamten Fassade und der sehr hohen Glockentürme angezeigt werde, von denen man jetzt die Fundamente legt. Es schien mir gut, Heiliger Vater, dieses stechen zu lassen, um diejenigen zu befriedigen, welche die Einheit der besagten Pläne zu sehen wünschen, wie auch jene, denen es nicht vergönnt ist, persönlich zu kommen, um dieses erhabene Werk unserer einzigen und wahren Religion zu sehen.«[318] Mit der Vereinigung der beiden Pläne auf Greuters Stich harmonisiert Maderno die Planungsgeschichte von Neu-St.Peter nochmals, und mit der Aussicht, daß über das Druckwerk auch Gläubige, die nicht nach Rom kommen können, St.Peter als überragendes Zeichen der Katholizität erfahren können, bekräftigt er St.Peter als ein Herzstück der Gegenreformation.

Madernos Brief gehört zu den großen Suggestionstexten der Architekturgeschichte. Im Moment der Fertigstellung der Fassade löscht er nicht nur alle Zweifel an der Rechtfertigung und Notwendigkeit der Niederlegung der alten Basilika, sondern entzieht auch allen Bedenken gegenüber den Planwechseln der Baugeschichte den Grund. Indem er einen Prozeß, dessen Unwiderstehlichkeit in seiner Irrationalität gelegen hatte, als Produkt eines planenden Kalküls ausweist, verdreht er die Torsionen der Baugeschichte St.Peters zum Stillstand.

4. Berninis Irrtum

Sie waren jedoch noch nicht beendet. Die Entscheidung für den Langhausbau war vor allem liturgisch begründet worden; als dieser in einem Akt der ästhetischen Behauptung gegenüber Michelangelos grandiosem Zentralbau aber in verlängerter Form fertiggestellt worden war, mußte ein Nutzen für die riesigen Räume in Alt- wie Neubau erst gefunden werden. Zuvor war kein Platz für notwendige Funktionen gewesen; nun aber verlangte die Leere des Kirchenkörpers nach einer Füllung.[319]

Maffeo Barberini, dem glühenden Verteidiger des Konzeptes von Michelangelo, der sich noch 1608 für eine Beibehaltung des Zentralbauplanes ausgesprochen und prophezeit hatte, daß eines Tages das Langhaus Madernos wieder abgerissen werden würde,[320] gelang wenigstens, den Horror vacui der riesigen Räume zu tilgen. Nachdem er im August 1623 als Urban VIII. zum Papst gewählt worden war, fand er in Gianlorenzo Bernini den kongenialen Künstler, dem es mit Hilfe des Vierungstabernakels gelang, Michelangelos Konzept der Zentralkirche gegen Madernos Richtungsbau zu reaktivieren *(Abb. 52)*. Indem dieser bronzene Baldachin den Blick auf den Chor verstellte, nahm er der Längsrichtung von St.Peter die Blickachse. Das Langhaus, gedacht als Auftakt einer durchgehenden, im Chorhaupt endenden Führung, verwandelte sich in einen gigantischen Vorraum.[321]

Mit diesem Angriff auf die Aktivität des Vorgängers degradierte Urban VIII. auch dessen Andenken. Paul V. hatte nicht nur die Fassade mit seinem Namens-

52 Blick auf die Vierung von St. Peter mit Berninis Tabernakel.

zug ausgestattet, sondern auch die innere Eingangswand des Langhauses mit einer Inschrift versehen, die seine Verdienste um Neu-St. Peter vor dem Hintergrund der Gesamtgeschichte des Baues feierte. Als Urban VIII. den Kuppelraum einweihte, ließ er die Inschrift Pauls V. aus der Mitte entfernen und verkleinern, um Platz für seine eigene Inschrift zu schaffen, in deren Mitte der Begriff MAGNIFICENTIA die Großartigkeit des Gebäudes und die Größe des Erbauers hervorhebt.[322] Madernos Langhaus war zwar nicht mehr zu tilgen gewesen, aber Urban VIII. hatte es doch mitsamt der Erinnerungstafel des Bauherrn degradiert.

Für die Gesamtgeschichte von Neu-St. Peter war schließlich die Gestaltung des westlichen Chorarmes durch Urban VIII. von besonderer Bedeutung, weil dieser hier die Ernte einfuhr, die Michelangelos Grabmalsprojekt für Julius II. gesät hatte. Gemeinsam mit Guglielmo della Portas Grabmal Pauls III., das einen Reflex von Michelangelos Julius-Freigrab bot, sollte sein eigenes Grabmal die zentrale Kapelle der *Cathedra Petri* rahmen und damit die Idee Julius' II., die für den Abriß Alt-St. Peters und den Neubau verantwortlich gewesen war, verwirklichen.[323] Der von dem Grabmal Sixtus' IV. ausgelöste Prozeß kam damit zu einem fremdbestimmten Abschluß.

Bernini erhielt den Auftrag zum Grabmal Urbans VIII. im Jahr 1627. Zwei Jahre später, mit dreißig Jahren, wurde er zum leitenden Architekten St. Peters berufen, womit nach Michelangelo ein zweites Mal ein Bildhauer diesen Posten erhielt. Urban VIII. beauftragte ihn, die Fassadentürme Paul V. fertigzustellen, die unvollendet geblieben waren. Während der rechte bis zur Attikahöhe gediehen war, war der linke erst im Ansatz zu erkennen, weil die Arbeiten wegen Grundwasserproblemen schon bald nach Baubeginn abgebrochen werden mußten. Bernini konzentrierte sich auf diesen südlichen Turm, der bereits im Juni 1641 fertiggestellt war. Er erwies sich schon nach wenigen Monaten als derart instabil, daß er die Mittelfassade in Mitleidenschaft zog. Daraufhin wurden die Arbeiten am Nordturm eingestellt.

Bernini waren die Grundwasserverhältnisse des abschüssigen Geländes zum Verhängnis geworden. Obwohl er den Rat der Spezialisten eingeholt hatte, traf ihn die Kritik seiner Konkurrenten aus der Architektenschaft. Als das Schicksal der Türme nach der Wahl Papst Innozenz X. (September 1644 – Januar 1655) in verschiedenen Konferenzen debattiert wurde, kam es erneut zu scharfen Auseinandersetzungen, an deren Ende aber der Schluß gezogen wurde, daß die Türme trotz aller Probleme zu retten seien. Bernini war um so schwerer getroffen, als Innozenz X. auf der Abschlußsitzung der Baukommission gegen alle Erwartungen verkündete, daß der Südturm abgerissen werden solle.[324] Es war die Niederlage seines Lebens. Nachdem Bernini zum Opfer des Grundwassers geworden war, traf ihn jetzt der Mechanismus symbolischer Machtergreifung. Innozenz X. setzte die Reihe seiner Vorgänger darin fort, durch Zerstörung von Bauten das Zeichen der eigenen Souveränität zu setzen.

53 St. Peter mit Berninis Vorplatz.

Bernini selbst war sich der Mechanik des Vorganges sehr wohl bewußt. Er träumte von einem noch größeren Abbruchunternehmen, das auch seine eigene Schmach getilgt hätte: »Unter Paul V. hat man den Fehler gemacht, den Entwurf Michelangelos zu verwerfen und ein Portal zu bauen, das im Verhältnis zu seiner Breite viel zu niedrig ausfiel. Das war so störend, daß Urban VIII. und Innozenz X. sogar mit dem Gedanken umgingen, die Fassade wieder abzutragen. Da aber die Päpste gewöhnlich als alte Männer zum Pontifikat gelangen, konnte sich keiner zu diesem Riesenwerk entschließen, das mit einem Abbruch hätte beginnen müssen.«[325] Der Abbruch der Fassade, wenn nicht des gesamten Langhauses, hätte einen logischen Schlußpunkt unter die Abrißgeschichte von Alt- und Neu-St. Peter gesetzt. Daß er nicht geschah, lag aber nicht am Alter der Päpste, sondern an der Majestät der puren Maße von Madernos Langhaus. Es war materiell unantastbar geworden.

In Berninis Umgang mit der Fassade begegnen sich beide Motive: die Akzeptanz des einmal Geschaffenen und der geheime Wunsch, sich des Unverrückbaren zu entledigen. Die Arme seiner von 1656 bis 1667 unter Alexander VII. (April 1655–Mai 1667) geschaffenen Piazza *(Abb. 53)* treiben zunächst jenes Motiv des Umgreifens, mit dem Madernos Langhaus Alt-St. Peter vereinnahmt hatte, über den gesamten Komplex hinaus in alle Welt: »Da die Kirche

54 Giovanni Battista Falda, Berninis Kolonnaden mit dem Projekt des »dritten Flügels«, Kupferstich, 1665.

St. Peter gleichsam die Mutter aller anderen ist, mußte sie einen Säulengang haben, der auf das Genaueste zeigen sollte, daß er mit offenen Armen wie eine Mutter die Katholiken empfing, um sie in ihrem Glauben zu bestärken, und die Häretiker, um sie in der Kirche wiederzuvereinen, sowie die Ungäubigen, um sie zum wahren Glauben zu erleuchten.«[326]

Die riesigen Kolonnadenarme boten Bernini aber auch die Gelegenheit, den Abbruch der Fassade, den sich Urban VIII. und Innozenz X. nicht getraut hatten, durch eine Diskreditierung ihrer Formen zu kompensieren. Angesichts der überzogenen Fassadenbreite, gegenüber der die Höhe gestaucht wirkt, kam Bernini »auf den Gedanken, der Papst müsse zwei Flügel von Kolonnaden errichten lassen, die das Portal scheinbar erhöhen würden«[327]. Berninis Kolonnaden, mit denen die Errichtung Neu-St. Peters zum Abschluß kommt, stehen nach diesen Selbstzeugnissen noch immer im Rahmensystem von Abriß und Aufbau. Sie verdecken den Wunsch, die Fassade zu tilgen. Da ein Niederlegen nicht mehr möglich war, kompensieren die Kolonnadenarme ihre Schwäche. Wie Berninis Vierungstabernakel den Innenraum des Langhauses entmächtigt, so relativiert sein Vorplatz die Fassade.

Aber auch die Kolonnaden selbst kamen nicht ungeschoren davon. Den »dritten Flügel«, den Bernini als östlichen Abschluß vorgesehen hatte, ver-

55 St. Peter, nördlicher Korridor, Kolonnaden und Borgo Nuovo. Aufnahme aus dem Jahr 1929.

mochte er weder in der ursprünglich vorgesehenen zweistöckigen Form noch in reduzierter Gestalt, wie sie Giovanni Battista Falda festgehalten hat, umzusetzen *(Abb. 54)*.[328] Dieser *terzo braccio* wäre die Krönung von Berninis Plan gewesen, den Besucher über den nördlichen Borgo Nuovo vom Tiber aus heranzuführen und diese Achse jenseits des nördlichen Kolonnadenschwunges im nördlichen Korridor weiterzuführen, der neben dem Langhaus Madernas in

56 St. Peter, Vorplatz und Via della Conciliazione. Aufnahme nach 1939

die Scala Regia mündet *(Abb. 55)* [329]. Bernini hatte die Doppelstrategie im Auge, den Petersplatz sowohl abzuschirmen wie auch zu einem transitorischen Scharnier zu machen, von dem aus eine *via recta* zur *Urbs* vermittelt hätte, wie es Julius II. mit der Via Giulia jenseits des Tiber begonnen hatte. Durch die Versperrung der Mittelachse hätte der »dritte Flügel« den seitlichen Zugang zum Platz und damit auch die gedankliche Fortsetzung des Borgo Nuovo im nördlichen Korridor verstärkt, um den Vorplatz, die Fassade und die Kuppel aus einer »schrägen«, wirkungsvoll gespannten Perspektive zu öffnen.

Die Kosten aber machten dieses Projekt hinfällig. Hätte Bernini die Taktik Bramantes, Michelangelos und Pauls V. befolgt, mit weit vorgeschobenen Bauzielen zu beginnen, die den Gesamtrahmen fixierten, so wäre ihm diese erneute Schmach erspart geblieben. Wenn er mit diesem dritten Flügel eingesetzt hätte, wäre es keine Frage gewesen, daß auch die beiden Seitenflügel hinzugekommen wären. Indem er aber zunächst diese hochziehen ließ, vergab er den krönenden Abschluß seiner sowohl abschirmenden wie öffnenden Raum- und Blickführung.

Das Fehlen des »dritten Flügels« Berninis führte zu immer neuen Überlegungen, die auf die Fassade von St. Peter zulaufende Achse bis auf den Tiber zurückzuziehen. Es dauerte bis zum Jahr 1939, bis jene Wohnblocks der *spina*, die den freien Blick auf Berninis Vorplatz und St. Peter versperrten *(Abb. 55)*, abgerissen wurden, um der *Via della Conciliazione*, Symbol des Konkordates zwischen Kirche und faschistischem Staat, Platz zu machen *(Abb. 56)*. Durch sie wurde der Ereignischarakter, der sich durch die »schräge« Öffnung des Vorplatzes ergab, ebenso zerstört wie Berninis subtile Linienführung von der Scala Regia über den nördlichen Korridor bis in den Borgo Nuovo. Die neue Straßenführung tilgt die Raffinesse dieser Wechselwirkung von Verbergen und Ausgreifen zugunsten der ungebrochenen Macht einer Zentralachse. Da sie die Fernsicht auf St. Peter zuläßt, wird Madernos Fassade allerdings erneut, nun zugunsten einer stärkeren Wirkung von Michelangelos Kuppel, relativiert. Die *Via della Conciliazione* hat Berninis subtile Platz- und Zugangsregie zerstört, aber sie hat den Verfechtern des Zentralbaugedankens doch zumindest einen kleinen Sieg verschafft.

SCHLUSS: MODERNITÄT UND EINSTURZ

Der Versuch einer Baugeschichte aus der Folge von Abrissen hatte zum Ziel, die religiösen und konfessionellen Bestimmungen zwar nicht zu unterschätzen, aber vor allem doch Fragen nachzugehen, die sich nicht nur für den Sakralbau stellen. Es hat sich gezeigt, daß Neu-St. Peter als eines der komplexesten Projekte der Neuzeit eine Reihe allgemeingültiger Schlüsse über die Rolle der Bildenden Kunst, über die Tiefenstruktur der Moderne und schließlich über das Gewaltpotential aller Schöpfung provoziert.

Der erste Schluß liegt darin, daß die Bildende Kunst weniger Reflex und Seismograph als vielmehr Antreiber jener Welt ist, die sie doch angeblich nur erhöht. In dieser Funktion ist sie, so extrem die individuellen Ausprägungen auch wirken mögen, ein Bindemittel der zeitgenössischen Strukturen. Das Fresko Melozzo da Forlìs und Pollaiuolos Sixtus-Grab gehören zu den markantesten Formulierungen des Nepotismus. Sie reagieren auf das verborgene Kardinalproblem der Papstmacht, daß diese gottgegeben, aber nicht erblich, Monarchie, aber ohne dynastische Sukzession ist: dieses Problem der Nachfolge versucht der Bild gewordene Nepotismus gewissermaßen zu umstellen.

Giuliano della Rovere, Nutznießer dieser institutionalisierten Familienpolitik, wurde zum Zeitpunkt, als er sein eigenes Grabmal konzipierte, zu einem Träger jener Hoffnungen, die von einem mächtigen Fürsten die Einigung Italiens und die Befreiung von ausländischen Truppen erhofften. Wenn es ein Monument gibt, das Machiavellis *Principe* vorweggenommen hätte, so wäre es das Grabmal Julius' II. gewesen. Mit der Selbstbindung an die Ansprüche seiner Tugenden, seiner Kunstförderung und seiner militärischen Siege ist der Julius des Grabmales nicht autochthon, aber als päpstlicher »Principe« gab er sich im Sinne der Bestimmung, die Kontinuität der Zeit zu durchbrechen und die Verhältnisse grundlegend zu reformieren, die Lizenz zum radikalen Schnitt und zur Tabula rasa, der ein Herzstück der katholischen Spätantike geopfert wurde. Der Preis der Innovation war die Zerstörung, und der schöne Klang der

Erneuerung (INSTAVRACIO) erklang als Begleitmusik einer dröhnenden Vernichtung.

So bewußt die Niederlegung Alt-St. Peters geschah, so war doch nicht vorherzusehen, welch katastrophische Folgen der neue Tempel bewirken würde. Wohl kein Tribut an Rom hat die nördlichen Länder stärker erregt als der sprichwörtliche Ablaß für Neu-St. Peter; hier hatten Luther und seine Mitstreiter das verhaßte Symbol. Schon früh liefen in Deutschland Gerüchte um, daß die Steine, die mit deutschem Geld für St. Peter gefertigt worden wären, nachts zum Palast des päpstlichen Nepoten umgeleitet würden.[330] Neu-St. Peter war einer der Auslöser der Reformation, aber im Gegenzug sorgte diese dafür, daß die Baustelle von Teilen ihrer ökonomischen Quellen abgeschnitten wurde, was dazu beitrug, daß sie über Jahrzehnte mehr oder minder eine Bauruine blieb. St. Peter war das monumentale Zeugnis der Kirchenspaltung und des Niederganges des Katholizismus.

Der neue Anlauf unter Paul III. wurde dagegen zum Symbol der Gegenreformation. In der Fertigstellung von St. Peter trieb die katholische Welt die eigene Gewißheit voran, nicht zu den Verlierern der Geschichte zu gehören, sondern ihren universalen Anspruch auf eine neue Basis zu stellen. In dem Elan, mit dem die Kuppel vollendet wurde, entfalteten sich nirgendwo sonst erprobte arbeitstechnische und organisatorische Fertigkeiten. Wenn es einen Prozeß gibt, bei dem von der Modernität der Gegenreformation gesprochen werden könnte, so wäre es die Logistik der Fertigstellung von Michelangelos Kuppel unter Sixtus V. Dieses größte und gewagteste Unternehmen seiner Art bietet das vielleicht eindrucksvollste Beispiel dafür, daß in den Arbeits- und Organisationsstrukturen des Bauwesens Strukturmomente absolutistischer Macht vorexerziert wurden. In der Platzgestaltung Berninis fanden sie ihre urbanistische Form.[331] Die Öffnung der Via della Conciliazione bot schließlich das wohl sinnfälligste Zeichen des Konkordates zwischen Kirche und faschistischem Staat.

Durch alle Stufen ziehen sich Stränge einer abgründigen Modernität, und hierin liegt die zweite, zu verallgemeinernde Konsequenz des Neubaues von St. Peter. Sie besteht zunächst darin, daß sich der Prozeß der Stillstände und Planänderungen nicht ohne eine so hemmungslose wie verbissene Konkurrenz der Beteiligten abspielte. Was schließlich gebaut wurde, war nicht das Produkt rational entworfener Pläne, sondern das Ergebnis von Schnittlinien im Strudel divergierender Interessen. Ein Monument der Macht ist St. Peter nicht allein durch seine Ausmaße und Formen, sondern durch die unsichtbaren, chaotischen Entscheidungsprozesse, die zu seiner heutigen Gestalt führten.

Vor allem wirkt noch heute unfaßbar, daß der Neubau die alte Petersbasilika so mitleidlos ersetzte, daß nur mehr Rekonstruktionszeichnungen ein unvollkommenes Bild von ihr zu vermitteln vermögen. Wie in einem Kampf gegen die Geschichte verschwand jene Kirche, auf die sich das Papsttum zu stützen vermochte wie auf kein anderes Gotteshaus. Ohne die Zerstörung der alten Basilika hätte es den Neubau nicht gegeben, und ohne das Prinzip der Vernichtung wäre auch die Baugeschichte von Neu-St. Peter selbst nicht zu begreifen. Alle anderen Ursachen des Abbruches der konstantinischen Basilika und der Niederlegung von Teilen Neu-St. Peters waren zweitrangig oder vorgeschoben. Die Destruktion lieferte auf allen Stufen die Baugenehmigung. Dies bedeutet den dritten systematischen Aspekt, der aus der Baugeschichte Neu-St. Peters zu ziehen ist.

Die Etappen der Errichtung dieser wohl einflußreichsten Kirche der Neuzeit sind auch ein Wettstreit zwischen Kontinuität und Zeitriß. Bis in das sechzehnte Jahrhundert war es üblich, die antiken Gebäude auszuschlachten, um kostengünstiges Baumaterial zu erhalten, und gegen diese Praxis richteten sich immer neue Denkmalpflegegesetze.[332] Die Peterskirche dagegen richtete einen gezielten Angriff auf den eigenen Vorgängerbau. Hierin lag kein praktischer Grund, sondern das zeitsymbolisch motivierte Ziel, die Form der Zukunft über das Monument der Geschichte siegen zu lassen. St. Peter, dieser Tempel der ältesten noch existierenden alteuropäischen Institution, ist in seinem Doppelcharakter von Ab- und Aufbau ein Symbol für die historische Elastizität des Katholizismus. Er umfängt die Geschichte und ist zugleich ein Monument des Futurismus. Nicht allein ihre Form, sondern die pure Existenz von St. Peter ist ein Mirakel, weil sie einem Bauwillen entsprang, dem die Zerstörung ebenso wichtig war wie die Konstruktion. Wenn die Menschen ihre Geschichte produzieren, ohne zu wissen, daß und wie sie es tun, dann ist dieses Bauwerk eines ihrer sprechendsten Symbole.

In all ihren Aspekten erinnert die Errichtung von Neu-St. Peter an jenen Begriff der »schöpferischen Zerstörung«, die der Nationalökonom Joseph Alois Schumpeter als ein spezifisch künstlerisches Prinzip ansah, das in allen schöpferischen Lebensbereichen, und so auch und vor allem in der Ökonomie, zu wirken vermochte. Schumpeters Credo, daß sich das Objekt des Historikers wie des Akteurs nicht in einer »ewigen Windstille«, sondern »im ewigen Sturm der schöpferischen Zerstörung« ereignet, findet in der Baugeschichte von St. Peter seinen vielleicht überzeugendsten Beleg.[333]

ANMERKUNGEN

1 In jahrzehntelangen Untersuchungen ist versucht worden, die ersten Phasen der Baugeschichte zu rekonstruieren und die folgenden Mutationen bis zur endgültigen Fassung zu verfolgen. Drei jüngere Publikationen bieten ein eindrucksvolles Bild der Wege und des Standes der Forschung, die neben zahlreichen Klärungen allerdings auch immer neue Komplikationen aufgehäuft hat: *San Pietro che non c'è* (1996); *L'architettura della basilica di San Pietro* (1997) und Thoenes (*Sostegno*, 1998). Vgl. auch den Literaturbericht allein über die erste Planungsphase von Neu-St. Peter: Klodt, 1996.

2 Bredekamp, 1998, *Renaissance*. Der Abschnitt über die Grabplastik der Rovere basiert auf einem Artikel für den Katalog der Bonner Ausstellung über die päpstliche Kunst der Hochrenaissance (Bredekamp, 1998, *Grabmäler*), das Kapitel über Michelangelos Verhältnis zum Modellbau beruht auf einem Beitrag für den Katalog der Berliner Ausstellung über die Baumodelle der Renaissance (Bredekamp, 1995), und einige Gedanken über die Ruinenlust wurden in einem Symposium zum Ikonoklasmus vorgetragen (Bredekamp, 1990).

3 Thoenes, 1986, *Ruine*, und ders., 1987

4 Schröter, 1980, S. 213f.

5 Zapperi, 1990, S. 19–23

6 Die gesamte Inschrift lautet:
SIXTO QVAR PONT MAX EX ORDINI MINORVM DOCTRINA
ET ANIMI MAGNITVDINE OMNIS MEMORIAE PRINCIPI
TVRCIS ITALIA SVMMOTIS AVCTORITATE SEDIS AVCTA
VRBE INSTAVRATA TEMPLIS PONTE FORO VIIS BIBLIO
THECA IN VATICANO PVBLICATA IVBILEO CELEBRATO
LIGVRIA SERVITVTE LIBERATA CVM MODICE AC PLANO
SOLO CONDI SE MANDAVISSET
IVLIANVS CARDINALIS PATRVO B M MAIORE PIETATE
QVAM IMPENSA F CVR
OBIT IDIB SEXTIL HORA AB OCCASV QVINTA AN
CHR MDLXXXIIII
VIXIT ANNOS LXX DIES XXII HORAS XII

(Transkription nach Ettlinger, 1978, S. 149. Vgl. zur Deutung des Grabmales die grundlegende Arbeit von Ettlinger, 1953, S. 242 ff.)

7 Eine Zeichnung des Metropolitan Museum of Arts, Rogers Fund, ist als Argument dafür gewertet worden, daß Michelangelo zunächst ein Wandgrabmodell im Auge gehabt habe, das dem Freigrabkonzept vorausgegangen sei (zuletzt: Frommel, 1994, Nr. 279, S. 600; Kempers, 2000, wird diese Auffassung übernehmen). Das Fehlen der »Gefangenen«, die erst in den zwanziger Jahren einsetzende Rezeption der Pius-Gräber sowie architektonische Details aus Michelangelos Zeit in der Medici-Kapelle weisen u. E. jedoch auf die Zeit um 1525/26 oder später (Genaueres ist einer späteren Publikation vorbehalten).

8   Die aus Angaben der zeitgenössischen Biographen Michelangelos, Verträgen und Zeichnungsresten überlieferten Quellen sind derart komplex und widersprüchlich, daß sie seit etwa 1900 zu insgesamt 16 Rekonstruktionen geführt haben (Echinger-Maurach, 1991).
9   Frommel, 1977, S. 39 f, Anm. 48
10   Die Rekonstruktion der Details der Formen des Obergeschosses ist fiktiv. Von Olaf Klodt stammt die Idee, die Vorschläge Guglielmo della Portas für den Aufbau des Freigrabes Pauls III. von ca. 1550 und 1574 (Gramberg, 1984, S. 257 f., Abb. 2 und S. 276, Abb. 15 a,b) in die Rekonstruktion Panofskys (1937) zu integrieren. Trotz des zeitlichen Abstandes ist ein Bezug zwischen beiden Grabmalsprojekten gegeben, weil della Porta zu verwirklichen suchte, was Michelangelo versagt geblieben war (vgl. Thoenes, 1990, S. 129 ff. und Saalmann, 1989, S. 120); auch die Erhöhung des Sixtus-Grabes auf die obere Plattform hat er über den Umweg des Grabmals für Francesco de Solis, Turin, Biblioteca Reale, umgesetzt, so daß er eine Ahnung davon vermittelt, wie Michelangelos Lösung des Aufbaues über dem Sockelgeschoß ausgesehen haben könnte.
11   »(...) le quali rappresentavano l'Arti Liberali, similmente Pittura, Scultura et Architettura, ognuna colle sue note, sicchè facilmente potesse esser conosciuta per quel che era, denotando per queste, insieme con papa Giulio, esser prigioni della Morte tutte le Virtù, come quelle che non fosser mai per trovare da chi cotanto fossero favorite e nutrite quanto da lui« (Condivi, 1930, S. 89f).
12   Anm. 11
13   »Ascendeva l'opera sopra la cornice in gradi diminuendo con un fregio di storie di bronzo« (Vasari, 1906, Bd. VII, S. 164).
14   Condivi und Vasari erlauben mit den Begriffen *arca* (Condivi, 1930, S. 90) und *bara* (Vasari, 1906, Bd. VII, S. 164) beide Möglichkeiten, aber angesichts der Schwierigkeit, den liegenden Papst auf der Plattform sehen zu können, ist eher wahrscheinlich, daß Michelangelo an eine *bara* im Sinne eines beweglichen Thronsessels dachte, wie er in Raffaels *Vertreibung Heliodors* in den *Stanzen* zu sehen ist (Panofsky, 1993, S. 93).
15   »Visto questo disegno, il papa mandò Michelangelo in San Pietro a veder dove comodamente si potesse collocare« (Condivi, 1930, S. 92).
16   Arbeiter, 1988, S. 75-191
17   »Cum videamus basilicam principis apostolorum (...) in tecto collabi ac ita deficientem, ut ruinam minetur« (Pastor, 1925, Bd. I, S. 526, Anm. 2).
18   Urban, 1963, S. 132 f.; Reinhardt, 1992, S. 13, zitiert das Bekenntnis von Nikolaus v., durch »quasi von Gott« geschaffene Bauten zu wirken (»monumentis (...) poene sempiternis, quasi a Deo fabricatis«). Vgl. auch Thoenes, 2000, S. 6 ff.
19   Urban, 1963, S. 137, Abb. 3; Zusammenfassung der weiteren Rekonstruktionsversuche bei Frommel, 1997, und Curti, 1997.
20   Alberti, 1966, II,1, Bd. I, S. 101, 103; IX,11, Bd. II, S. 865 f.; Thoenes, 2000.
21   Vegio, 1867, *Commentarius*, S. 80f.; Pastor, 1925, Bd. I, S. 525, Anm. 4; Poggio, 1861, XI,6, S. 62f.; zu beiden Stellen: Günther, 1997, S. 140
22   Günther, 1997, S. 140

23 »(...) templi figura humani corporis instar fuisset« (Manetti, zit. nach: Magnuson, 1958, S. 208, 359 [col. 937/135]; vgl. Günther, 1997, S. 140 und allgemein: Reudenbach, 1992, S. 179 ff.)

24 Saalman, 1989, S. 119 ff.

25 So zumindest den Worten Manettis zufolge (Pastor, 1925, Bd. I, S. 522, Anm. 1). Saalman (1989, S. 122) erklärt diese Absichtserklärung als reine Floskel, wofür er allerdings keinen Beleg anführt.

26 Es war eine Gründung des siebten Jahrhunderts (Pastor, 1925, Bd. I, S. 527; Ferrari, 1957, S. 240; Magnuson, 1958, S. 170).

27 »Era la forma della chiesa allora a modo d'una croce, in capo della quale papa Nicola v aveva cominciato a tirar su la tribuna di nuovo, e giá era venuta sopra terra, quando morì, all'altezza, di tre braccia. Parve a Michelangelo che tal luogo fosse molto a proposito, e tornato al papa gli espose il suo parere, aggiungendo che, se così paresse a Sua Santità, era necessario tirar su la fabbrica e coprirla« (Condivi, 1930, S. 93).

28 Thoenes, 2000, S. 18

29 »et in qua corpus nostrum, nobis vita functis, sepeliri volumus« (Frommel, 1977, Dok. 382, S. 126).

30 »Il papa l'addomandò che spesa sarebbe questa. A cui Michelangelo rispose: ›Centomila scudi‹. Sien (disse Giulio) dugento mila'« (Condivi, 1930, S. 93).

31 Biblioteca Apostolica Vaticana, Medagliere, Inv.-Nr. 831; Hochrenaissance, S. 380, 560 f., Kat. Nr. 338

32 *Architekturmodelle*, 1995, Kat. Nr. 107, S. 316. Zum Zirkel: Thoenes, 1983, S. 371 ff. Über die Vorgeschichte seiner irdischen Aktivitäten vgl. Haffner, 1999, S. 95 ff. Denker Nesselrath und Nesselrath (2001) haben überzeugend nahegelegt, daß Giuliano della Rovere Bramante vermutlich 1499 oder 1500 in Chiaravalle oder Mailand traf und den Architekten motivierte, nach Rom zu gehen.

33 Egedio da Viterbo, *Historia Viginti Saeculorum*; zitiert in: Frommel, 1976, Nr. 8, S. 89 f.; vgl. Metternich und Thoenes, 1987, S. 45. Ich folge der ebda., S. 48, Anm. 81 formulierten Argumentation.

34 Frommel, 1994, S. 401, Fig. 1 S. 400, versucht eine Rekonstruktion dieser Idee.

35 *Niederländische Zeichnungen*, 1989, Kat.-Nr. 88, S. 106-108. Zur genauen Lagebestimmung: Metternich und Thoenes, 1987, S. 177-184. Vgl. hierzu und zum Folgenden auch Dittscheid, 1996, S. 282 f.

36 Schröter, 1980, S. 221

37 Kempers, 1998, S. 15; S. 16 ff. eine Zusammenstellung der gegen Julius II. gerichteten, zeitgenössischen Propaganda.

38 Hill, 1930, Kat.-Nr. 874; Weiss, 1965, S. 180

39 Sanuto, 7 (1881), S. 64; vgl. weitere Quellen bei Frommel, 1977, S. 39 f., Anm. 48 und Schröter, 1980, S. 230, Anm. 111. In ihrer Studie über Julius II., der das Verdienst zukommt, das Bild des »warrier pope« zwar nicht negiert, aber doch abgeschwächt zu haben, hat Shaw (1993, S. 205-207) den caesarischen Anspruch des zweiten Julius als eher fiktive Größe seiner Umwelt relativiert. Eine solche Kritik unterschätzt, daß sich derartige Inszenierungen nicht jenseits der historischen Wirklichkeit abspielten, son-

dern in diese als eigene Handlungen und als symbolische Anstifter militärischer, politischer und mäzenatischer Aktionen verwoben waren, die ohne eine symbolische Präsenz weder denk- noch durchführbar gewesen wären.

40 Schröter, 1980, S. 227, Anm. 100, 102
41 Schröter, 1980, S. 230 f.
42 Schröter, 1980, S. 238
43 Brummer, 1970, S. 222
44 Campbell, 1981, S. 4
45 »Nihil ex vetere templi situ inverti« (Egidio da Viterbo, zit. nach Frommel, 1976, Dok. 8, S. 89; vgl. Metternich und Thoenes, 1987, S. 45 und Hubert, 1988, S. 196).
46 »(...) se sacra prophanis, religionem splendori, pietatem ornamentis esse praepositurum cum scriptum non sit, tumulum in templo, sed templum in tumulo esse aedificandum« (Egidio da Viterbo, zit. nach Frommel, 1976, Dok. 8, S. 90; Übers. nach Metternich und Thoenes, 1987, S. 45).
47 »(...) quid Cesaris obeliscum deceat, ipse viderit« (Egidio da Viterbo, zit. nach Frommel, 1976, Dok. 8, S. 89 f.; vgl. Hubert, 1988, S. 197, 209).
48 Fra Giocondo, Grundriß für St. Peter, Feder, laviert, 92 x 50 cm. Florenz, Uffizien, Gabinetto dei Disegni e delle Stampe, Fol. 6 Ar
49 Ich beziehe mich schon aus dem Grund vor allem auf dieses quasi letzte Wort von Thoenes (1994, Beobachtungen), weil es so überaus einfach und elegant ist. Die beste Einführung in den Stoff bietet Thoenes, 1982; eine minutiöse Untersuchung der Einzelblätter der ersten Planungsphase unternimmt Klodt (1992); eine kritische Lektüre der Forschungsgeschichte legt Klodt (1996) vor, der auch Einwände gegen Thoenes vorbringt (S. 126 f., 130 f.), gerade weil sich beide so nahe sind. Statt eines »Kompositbaues« wählt er die Bezeichnung »gerichteter Zentralbau« (S. 131 ff.).
50 Zur Datierung Thoenes, 1994, *Beobachtungen*, S. 118 f. Vgl. auch Borsi, 1985, S. 432–433.
51 Thoenes, 1994, *Beobachtungen*, S. 110–117. Frommel, 1994, S. 606, Kat.-Nr. 288, nimmt eine spätere Entstehungszeit des Blattes an; vgl. dagegen Klodt, 1996, S. 126, Anm. 36.
52 Thoenes, 1982, S. 85; vgl. die auf einer anderen Chronologie basierenden Einwände von Hubert, 1988, S. 212 f., Anm. 46 und S. 220.
53 Thoenes, 1994, Beobachtungen, S. 118 f. Zur Forschungsgeschichte: Klodt, 1996, S. 127 f.
54 Thoenes, 1994, *Bemerkungen*, S. 119 f.
55 *Architekturmodelle*, 1995, Kat.-Nr. 108, S. 317
56 Erstmals hat Frommel den Blick auf die Apsis der Medaille mit dem Westchor in Verbindung gebracht; allerdings ging er von einem Zentralbau aus (1977, S. 52–54), und er hat seine Hypothese wieder verworfen. Systematisch begründet wurde die These durch Thoenes (1994, *Beobachtungen*, S. 119). Vgl. Kempers (1996, S. 215), der sie bekräftigt hat.
57 Campbell, 1981, S. 5 f.; Metternich und Thoenes, 1987, S. 82, Anm. 135; vgl. auch Krauss und Thoenes, 1991/92, S. 196, Anm. 35
58 Schröter, 1980, S. 212 f.

59 Frommel, 1976, Dok. 382, S. 126; ders., 1977, S. 30, 33–35 vgl. auch die Übersetzung der Hymne Egidio da Viterbos auf Julius als zweiten Salomo: Dittscheid, 1996, S. 289 f.
60 S. o. Anm. 6. Zum Begriff der »Instauracio«: Klodt, 1996, S. 121, Anm. 10
61 Infessura, 1979, S. 143; vgl. Tafuri, 1987, S. 59
62 Tafuri, 1987, S. 67–70
63 Tafuri, 1987, S. 61
64 »sed rudi seculo et politioris architecturae ignaro conditam, et aliqua ex parte, pariete et peristylio dextri lateris inclinante, ruinae proximam« (Sigismondo dei Conti, in: Frommel, 1977, Dok. 373, S.124).
65 Vasari, 1906, Bd. IV, S. 146; vgl. Thoenes, 2000.
66 Krauss und Thoenes, 1991/92, S. 198, Anm. 50, mit Hinweis auf Galileo Galileis Kritik an der von der Materie abstrahierenden Vorgehensweise der Architekten.
67 »(...) i disegni di quella (architettura) non son composti se non di linee: il che non è altro, quanto all'architettore, che il principio e la fine di quell'arte, perchè il restante, mediante i modelli di legname tratti dalle dette linee, non è altro che opera di scarpellini e muratori« (Vasari, 1906, Bd. I, S. 170).
68 Frommel, 1976, S. 79
69 »Così Michelagnolo venne ad esser cagion, e che quella parte della fabbrica già cominciata si finisse, che, se ciò stato non fosse forse ancora starebbe come ell'era, e che venisse voglia al papa di rinnovare il resto con nuovo e più bello e più magno disegno« (Condivi, 1930, S. 93 f.).
70 Condivi, 1930, S. 94
71 »Questi tanti e così fatti favori furon cagione, come bene spesso nelle Corti avviene, d'arrecargli invidia e, dopo l'invidia, persecuzioni infinite. Perciocchè Bramante architettore, che dal papa era amato, con dir quello che ordinarianente dice il volgo, esser mal augurio in vita farsi la sepoltura, ed altre novelle, lo fece mutar proposito« (Condivi, 1930, S. 8 f.; vgl. Ackerman, 1974, S. 344 f.).
72 Sie wurde noch dadurch geschürt, daß Michelangelo zu den wenigen gehörte, die das bautechnische Versagen des großen Architektenkünstlers Bramante beurteilen konnten (Condivi, 1930, S. 86 f.).
73 Condivi, 1930, S. 38
74 »S'i' stavo a Roma, che fussi facta prima la sepultura mia che quella del Papa. E questa fu chagione della mia partita subita (Michelangelo, Brief an Giuliano da Sangallo, 2. Mai 1506, in: *Carteggio*, 1965, Bd. 1, S. 13).
75 »Meglio m'era ne' primi anni che io mi fussi messo a fare zolfanegli« (Michelangelo, Brief an Luigi del Riccio, vor dem 24. Oktober 1542, in: *Carteggio*, 1979, Bd. IV, S. 148).
76 Klodt, 1996, S. 135 f., mit der älteren Lit.
77 »(...) ancora il modello rimase inperfetto in alcune parti« (Serlio, 1540, S. 36; vgl. Frommel, 1976, Dok. 10, S. 91). Eine Reihe von Skizzen scheinen auf einen Ausführungsplan zuzulaufen (Metternich und Thoenes, 1987, S. 156, Anm. 285; Thoenes, 1994, *Neue Beobachtungen*, S. 122), aber das Fehlen jeder Spur seiner Existenz, sei sie materiell oder durch schriftliche Erwähnungen, macht wenig wahrscheinlich, daß er jemals vorhanden gewesen sei.

78   Metternich und Thoenes, 1987, S. 220
79   Metternich hat sich durch eine minutiöse Untersuchung der investierten Finessen als erster gegen die These Geymüllers gewandt, der Westchor stelle ein »unbenutztes Provisorium« dar (1975, S. 52–61). Der Begriff des »langfristigen Provisoriums« (Metternich und Thoenes, 1987, S. 132) vermag den Widerspruch am ehesten zu lösen, daß Bramante all seine Möglichkeiten für einen Bauteil nutzte, der eine »Kapitulation in auswegloser Lage« war (ebda., S. 143). Schon aus statischen Gründen war er sinnlos, weil er nicht ausgereicht hätte, den Kuppelschub abzufangen.
80   Denker Nesselrath, S. 39; S. 37–42 eine gründliche Analyse der Formen des Westchores.
81   Metternich und Thoenes, 1987, S. 143, Anm. 262; Klodt, 1996, S. 139 f.; Thoenes, 1996, S. 95, der Bramantes Strategie betont.
82   Rekonstruktion des Innenraumes von Alt-St. Peter von Turpin C. Bannister, 1968, Abb. 26. Hubert hat darzulegen versucht, daß die Maße des Pergamentplanes auf dem Grundrißsystem von Alt-St. Peter beruhen, so daß die konstantinische Basilika durch den Neubau nicht eleminiert, sondern in ihm aufgehoben worden sei (1988, S. 207 f.). Auch dieses Argument aber hat die Kehrseite, daß, wenn Bramante eine solch genaue Orientierung am alten Bau vorgenommen hat, dieser um so spurenloser vom Erdboden verschwinden mußte. Jede Überlagerung des Neubaues mit der frühchristlichen Basilika war ein zusätzlicher Garant, diese materiell zu vernichten.
83   Dittscheid, 1996, S. 287 ff. Vgl. die Möglichkeit einer weiteren Wiederverwendung in den Seitenschiffen oder den Fenstern des neuen Chores bei Metternich und Thoenes (1987, S. 120) und Arbeiter (1988, S. 114).
84   »(...) e massimamente che disfacendo egli San Piero vechio, gittava a terra quelle maravigliose colonne che erano in esso tempio, non si curando, nè facendo stima che andassero in pezzi, potendole pianamente calare e conservarle intere« (Condivi, 1930, S. 113 f.).
85   Zu dem gesamten Komplex: Satzinger, 1996, S. 96–101. Zu Bramantes Niederlegung der antiken Säulen des alten Langhauses vgl. auch Ackerman, 1974, S. 348.
86   Kempers (1996, S. 223 ff., 292 f.) betont zu Recht, daß weder Julius II. noch auch die zeitgenössischen Chronisten an eine Erneuerung der gesamten konstantinischen Basilika dachten, sondern mit der »Erneuerung« allein den Westteil meinten, den die Gründungsmedaille zeigt.
87   Frommel, 1976, S. 81–84, zur Finanzierungsproblematik insgesamt; hier: 81.
88   Frommel, 1976, S. 71, 83 f.; ders., 1977, S. 33–35.
89   »Bramante fusse piu animoso che considerativo« (Serlio, 1540, S. 36; vgl. Frommel, 1976, Dok. 10. S. 91). Die Korrekturmaßnahmen brachten Bramantes Pfeiler um den Reiz, das Gewicht durch Bögen und Raumspannungen abfedern zu lassen (Ackerman, 1974, S. 342 f.).
90   Condivi, 1930, S. 84 ff.
91   Frey, 1911, Reg. 39–50, S. 52–54
92   Frey, 1911, Nr. 280, S. 95; vgl. Krauss und Thoenes, 1991/92, S. 199
93   »La muraglia di papa Julio di sancto Pietro facto sopra il vecchio ha di già cominc[i]ato a fare una fessura da imo a sommo: si pensa che questi architectori moderni

non ritrovino la via antiqua« (Brief von Bonsignore Bonsignori am 29.5.1507, in: Borsook, 1973, S. 176; vgl. Thoenes, 1998, *Sostegno*, S. 159).

94   »S'è tagliato dal piano della chiesa sin' alla cima della tribuna de Bramante quella ch'era tutta crepata« (Pollak, 1915, S. 67 und Frey, 1911, Nr. 280, S. 95; vgl. Metternich und Thoenes, 1987, S. 127, Anm. 229).

95   Frommel, 1976, S. 84

96   »(...) et vere, nisi principis apostolorum basilica in magna esset ruina, quod nobis pudori ducimus, et incredibili sumptu ad instaurationem egeret« (Julius II. an den König von Polen, 26.11.1508, in: Frommel, 1976, Dok. 175, S. 109).

97   Günther, 1997, S. 143 f.

98   »Iunij Pontifex (...) interim contemplando ruinas et aedifitia, quae per eius architectum moliebantur nomine Bramantem, seu potius Ruinantem, ut communiter vocabatur a ruinis et demolitionibus, quae per ipsum tam Romae, quam ubique perpetrabantur« (Grassi, 1886, S. 287; die Äußerung stammt vom Juni 1511. Vgl. Ackerman, 1974, S. 347).

99   »Sed vis consilium non malum? habes manum hominum strenuorum, habes pecuniam immensam, es ipse bonus aedificator, extrue tibi novam aliqam Paradisum« (Thion, 1875, S. 168; Thoenes, 1986, S. 490, Anm. 21).

100   Guarna, 1970, S. 58, 96, 104–107, 118–121. Übers. zit. nach Pastor, 1926, Bd. III/II, S. 921 f.; vgl. Ackerman, 1974, S. 347, Frommel, 1976, S. 129 f. und Günther, 1977, S. 144.

101   »Pontifici uero facto ea primum cura reficienda Vaticanae basilicae fuit non admodum necessaria, quae in hunc usque diem pendet causaque et initium molestiae non paruae successoribus fuit« (Maffei, 1980, S. 196 f.).

102   »(...) sentendolo avere volontà di buttare in terra la chiesa di San Pietro per rifarla di nuovo, gli fece infiniti disegni« (Vasari, *Bramante*, zit. nach Metternich, 1975, S. 179).

103   »Dicesi che egli aveva tanta voglia di veder questa fabrica andare innazi, che e'rovinò in San Piero molte cose belle di sepolture di papi, di pitture e di musaici, e che perciò avi no smarrito la memoria di molti ritratti di persone grandi, che erano sparse per quella chiesa, come principale di tutti i cristiani« (Vasari, 1906, Bd. IV, S. 163).

104   Panvinio, *De rebus antiquis memorabilibus basilicae sancti Petri*, in: Frommel, 1976, S. 90 f.; vgl. Thoenes, 1994, *Neue Beobachtungen*, S. 119 und zu Panvinio: Herklotz, 1985, S. 255 ff., und ders., 1999, S. 219 ff.

105   »Qua in re adversos paene habuit cunctorum ordinum homines, et praesertim cardinales« (Panvinio, *De rebus antiquis memorabilibus basilicae sancti Petri*, in: Frommel, 1977, Dok. 9, S. 91). Günther hat die kritischen Stimmen gesammelt (1997, S. 143 ff.).

106   »Non quod novam non cuperent basilicam magnificentissimam extrui, sed quia antiquam toto terrarum orbe venerabilem, tot sanctorum sepulchris augustissimis, tot celeberrimis rebus in ea gestis insignem funditus deleri ingemiscebant« (Panvinio, *De rebus antiquis memorabilibus basilicae sancti Petri*, in: Frommel, 1976, S. 91).

107   »Pontifex in sententia pertinax, ut novae fabricae fundamenta iaceret, dimidiatam veteris basilicae disiecit« (Panvinio, *De rebus antiquis memorabilibus basilicae sancti Petri*, in: Frommel, 1976, S. 91; vgl. Jobst, 1997, S. 244).

108 Pastor, 1927, Bd. XII, S. 587, Anm. 2; vgl. Miarelli Mariani, 1997, S. 236; allg. Previtali, 1964, S. 29 f., 33 und zu Baronio: Herklotz, 1985, S. 60 ff.
109 De Maio, 1978, S. 327 f.
110 Bonanni, 1696, S. 50 f; zit. nach Metternich und Thoenes, 1987, S. 51.
111 Pastor, 1926, Bd. III/II, S. 922; vgl. Thoenes, 1986, *St. Peter*, S. 490, Anm. 21
112 »Et fu il primo fundamento della colonna o pilastro (…) sopra la capella di sancta Petronilla a laude di Dio« (zit. nach: Borsook, 1973, S. 168, Anm. 220. Zu den Konterpfeilern: Frommel, 1984, S. 264, mit Verweis auf Frey, 1911, S. 52–54. Der Konterpfeiler, dem S. Petronilla zum Opfer fiel, ist offenbar in Reg. 41, S. 53 erwähnt.
113 Krautheimer, 1977, S. 180 f.; Borgolte, 1989, S. 108 ff.
114 Borgolte, 1989, S. 110
115 »S. Piero fece ruinare et principiollo di nuovo« (zit. nach: Borsook, 1973, S. 176, Anm. 220).
116 Shearman, 1974, S. 568
117 Shearman, 1974, S. 570 f.; Denker Nesselrath, 1990, S. 42 ff.
118 *Architekturmodelle*, 1995, S. 348 f., mit der früheren Literatur. Tronzo, 1997, S. 164, sieht eine Reminiszenz an den Konstantinsbogen.
119 Denker Nesselrath, 1990, S. 45, mit Bezug auf das *tegurium*.
120 Frommel, 1987, S. 251
121 »(…) qual loco è piu degno al mondo di Roma? qual impresa è piu degna di San Pietro, che è il primo tempio del mondo? e che questa è la più gran fabrica che sia mai vista, che montarà più d'un millione d'oro; e sappiate che 'l papa ha deputato di spendere sessanta mila ducati l'anno per questa fabrica, e non pensa mai altro« (Raffael an Simone Ciarla, 1.7.1514, in: Camesasca, 1994, S. 175. Übersetzung des ersten Satzteiles nach Thoenes, 1997, *Tempio*, S. 452). Thoenes hat Raffaels Aktivitäten in St. Peter im Lichte seines Verhältnisses zum Geld glänzend analysiert (ebda., S. 451 ff.).
122 Frommel, 1987, S. 255
123 Kempers, 1996, S. 230 f. Zum Planungsstil Leos: Thoenes, 1997, Tempio, S. 455 f.
124 Metternich und Thoenes, 1987, S. 130 ff.
125 Frommel, 1984, S. 296; 297 Abb. des Originaltextes.; vgl. auch Bruschi, 1992 und Thoenes, 1995, S. 96 f.
126 Das Modell sei »magnifico e veramente ingegnoso«; es sei der Wunsch Leos, »finire la fabbrica di San Piero cominciata da Giulio II col disegno di Bramante, e parendogli che fusse troppo grande l'edifizio« (Vasari, 1906, Bd. IV, S. 599; vgl. Thoenes, 1998, S. 191).
127 Serlio, 1540, S. 37 f.; vgl. zum Kontext Bruschi, 1989.
128 Thoenes, 1986, *St. Peter*, S. 491 ff.
129 Thoenes, 1986, *St. Peter*, S. 493 ff.; Metternich und Thoenes, 1987, S. 198; Bredekamp, 1990, S. 214 f.; *Architekturmodelle*, 1995, Kat.-Nr. 122 b, S. 342, 346.
130 Thoenes, 1986, *St. Peter*, S. 493 ff., zum möglichen kritischen Gehalt; explizite Gleichsetzungen von Neu-St. Peter mit dem Babelturm sind allerdings nicht überliefert. Zum Vergleich Roms mit Babel: Chastel, 1984, S. 75, 92, 99, 103, 258
131 Thoenes, 1998, S. 192

132   Antonio da Sangallo, Grundrißplan für St. Peter, Florenz, Uffizien, Gabinetto dei Disegni e delle Stampe, Fol.39 A; vgl. Thoenes, 1998, Abb.157, S. 192

133   Als Mittelpunkt der Ausstellungen zur Renaissancearchitektur in Venedig und Berlin (1994 und 1995) gelangte es zu spätem Ruhm und auch zu Ansätzen einer Rehabilitierung (Thoenes, 1995, *St. Peter*, S. 101–109; ders., 1998, S. 227–235; Benedetti, 1995, S. 110–115). Zur Wiederauflage des Konfliktes Papst–Architekt: Thoenes, 1995, *Piante centrale*, S. 96.

134   *Architekturmodelle*, 1995, S. 371; Thoenes, 1998, Abb.163, S. 192

135   *Architekturmodelle*, 1995, S. 369 f.

136   Thoenes, 1996, S. 163.

137   Thoenes, 1996, S. 165 f.; Thoenes, 1998, S. 227–235. Wenn das im Jahr 1742 von Benedikt XIV. in Auftrag gegebene Gutachten über die Statik der Kuppel von St. Peter einen Wendepunkt von den erfühlten Erfahrungsregeln zum mathematisch fundierten Bauingenieurswesen darstellt (Straub, 1975, S.153), dann war Sangallos Kuppelwölbung seiner Zeit um zwei Jahrhunderte voraus.

138   Thoenes, 1994, *Antonio da Sangallos Modell*, S. 1092

139   S. u. S. 95 f.

140   Harprath, 1978, S. 45 f.

141   Bardeschi Ciulich, 1977, S. 243; Saalmann, 1978, S. 488 f. Zu diesen Entlassungen und den Folgen auch Francia, 1977, S. 84 ff.

142   Bardeschi Ciulich, 1977, S. 247; Saalmann, 1978, S. 489.

143   »E che quel modello era un prato che non vi mancherebbe mai da pascare. Voi dite il vero, rispose loro Michelangelo; volendo inferire (come e'dichiarò così a un amico) per le pecore e buoi, che non intendono l'arte« (Vasari, 1906, Bd. VII, S. 218).

144   Zum Laufgangsprojekt: Vasari, 1906, Bd. V, S. 353; zur Fassade von San Lorenzo: Michelangelo, Brief an Domenico Buoninsegni, 20. März 1517; in: *Carteggio*, 1965, Bd. I, S. 267; vgl. zu den Kontexten Bredekamp, 1989, und Bredekamp, 1995, S. 118 f.

145   »E da questo ed altro modo di fare si conobbe, che quella fabbrica era una bottega ed un traffico da guadagnare; il quale si andava prologando, con intenzione di non finirlo« (Vasari, 1906, Bd. VII, S. 219). Vgl. hierzu Thoenes, 1995, S. 107.

146   Condivi, 1930, S. 180

147   Michelangelo, Brief an Bartolommeo Ferratino, Ende 1546/Anfang 1547, in: *Carteggio*, 1979, Bd. IV, S. 251.

148   Alberti, *De Re Aedificatoria*, II,1; hier zit. nach Lepik, 1994, S. 123

149   »E per[ò] è cosa certa che le membra dell'architettura dipendono dalle membra dell'uomo. Chi non è stato o non è buon mastro di figure, e masimo di notomia, non se ne può intendere« (Michelangelo, Brief an Rodolfo Pio da Carpi, 1557–1560?, in: *Carteggio*, 1983, Bd. V, S. 123). Eine ausführliche Analyse des Briefes hat Summers, 1981, S. 418–446, vorgelegt.

150   Saalmann, 1975, S. 391 ff., diskutiert die Etappen der verschiedenen Modelle nach allen Gesichtspunkten, um zum Schluß zu kommen, daß das erste Modell vom Dezember 1546 vermutlich nur die Südapsis betraf und nicht notwendigerweise aus Ton bestanden haben muß. Da Michelangelo dieses Vasari zufolge aber innerhalb von zwei Wochen fertigen ließ, spricht dennoch alles für das Material Ton (Bardeschi Ciulich,

S. 243, 246; vgl. Saalmann, 1978, S. 484). Zur Bevorzugung des Tons durch Michelangelo: Ackerman, 1961, Bd.1, S.7.

151   Ackerman, 1961, Bd.2, S. 88 ff.; Saalmann, 1975, S. 391, 401.

152   »Ed usò dir poi publicamente, che il Sangallo l'aveva condotta cieca di lumi, e che aveva di fuori troppi ordini di colonne l'un sopra l'altro, e che con tanti risalti, aguglie, e tritumi di membri, teneva molto più dell'opera tedesca, che del buon modo antico, o della vaga e bella maniera moderna« (Vasari, 1906, Bd.VII, S. 218 f.).

153   »(...) saria forza mandare in terra la capella di Paolo, le stanze del Piombo, la Ruota e molte altre: né lla cappella di Sisto, credo, n'uscirebbe necta« (Michelangelo an Bartolomeo Ferratino, gegen Jahreswechsel 1546/47, in: *Carteggio*, 1979, Bd.IV, S. 252).

154   »Osservando il modello de Sangallo, ne seguita ancora che tucto quello che s'è facto a mio tempo ne vadi in terra, che sarebbe un grandissimo danno« (Ebda., S. 252).

155   Millon und Smyth, 1976, S. 141–144 und passim.

156   Bardeschi Ciulich, 1977, S. 262; Saalmann, 1978, S. 491

157   Saalmann, 1978, S. 492

158   »Attento che dice voi fare certe cose pazze e da bambini; (...) perché voi non intendete niente d'architettura« (Giovan Francesco Ughi, Brief an Michelangelo, 14.Mai 1547, in: Carteggio, 1979, Bd.IV, S. 267). Zu der von steigendem Haß geprägten Stimmungsmache Nanni di Baccio Bigios gegen Michelangelo: Wittkower, 1968.

159   Giovan Francesco Ughi an Michelangelo, 14.Mai 1547, in: *Carteggio*, 1979, Bd.IV, S. 267

160   Wittkower, 1968, S. 251 und 256.

161   »Non dico che ditto ms. Michelangelo non sia persona da bene et unica al mondo nel suo mestiere, ma è da considerare che è vecchio et pocho pote vivere secondo il corso naturale, et mettendo quel che è principiato in disordine, tutto potria restar confuso con maggior spesa et travaglio« (zit. nach: Bardeschi Ciulich, 1977, S. 272; Saalmann, 1978, S. 489).

162   Wittkower, 1968, S. 253 ff. Zu Nannis noch zu rekonstruierender Karriere als Architekt und Bildhauer vgl. Waldman, 1998, S. 201.

163   Bardeschi Ciulich, 1977, S. 275; Saalamnn, 1977, S. 493; vgl. De Maio, 1878, S. 318.

164   Ebda.

165   Frey, 1916, S.40; vgl. Millon und Smyth, 1976, S. 162–196 und *Architekturmodelle*, 1995, S. 379 f.

166   Wittkower, 1968, S. 254

167   *Carteggio*, 1983, Bd.V, S. 308, Anm.4; *Carteggio indiretto*, 1995, Bd.II, S. 158–160.

168   *Carteggio indiretto*, 1995, Bd.II, S. 161; Vasari, 1906, Bd.VII, S. 265; vgl. die Darstellung der Geschehnisse durch Frey, 1916, S. 45 f.

169   Vasari, 1906, Bd.VII, S. 265 f.; zur Korrektur: Frey, 1916, S. 46 f.

170   Wittkower, 1968, S. 253–255.

171   Frey, 1909, S. 171

172   Breve Pauls III. vom 11.10.1549, in: Steinmann und Pogatscher, 1906, S. 400

173   De Maio, 1978, S. 309

174   Vasari, 1906, Bd.VII, S. 218. Zur Architektur Michelangelos grundlegend noch

immer Ackerman, 1961; vgl. auch Nova, 1984. Zur Militärarchitektur Michelangelos: Wallace, 1987.

175   »[scul]tor excellentissimo (Giovan Francesco Rustici und Davide Benintendi, Brief an Michelangelo, 31. August 1544, in: Carteggio, 1979, Bd. IV, S. 190) sowie Giovan Francesco Ughi, Brief an Michelangelo, 14. Mai 1547), in: ebda., S. 268.

176   »No mi scriva più ›a Michelangelo scultore‹ perché io non ci son conosciuto se non per Michelangelo Buonaroti« (Michelangelo an seinen Neffen Leonardo, 2.5.1548, in: *Carteggio*, 1979, Bd. IV, S. 299).

177   »A Michelangelo Buonarroti pittore, scultore et architetto unico« (Ascanio Condivi, Brief an Michelangelo, 24. Mai 1556?), in: Carteggio, 1983, Bd. V, S. 61; »Michelagnolo Buonaruoti scultore et architetto eccelentissimo« (Tiberio Calcagni, Brief an Michelangelo, 8. Mai 1560, in: ebda., S. 218).

178   Frey, 1916, S. 33 f.

179   Bardeschi Ciulich, 1977, S. 242; Saalmann, 1978, S. 489.

180   Bardeschi Ciulich, 1977, S. 257; Saalmann, 1978, S. 490.

181   »Io non sono, nè manco voglio essere obligato a dirlo, nè alla s.v. nè a nessuno, quel che io debbo o voglio fare. L'ufizio vostro è di far venire danari, ed avere loro cura dai ladri: ed a'disegni della fabbrica ne avete a lasciare il carico a me« (Vasari, 1906, Bd. VII, S. 232). Zu dieser Szene und zum Verhältnis zwischen Cervini und Michelangelo: De Maio, 1978, S. 370.

182   »ac modellum et formam per ipsum Michaelem Angelum in dicta fabrica seu circa illam, fact[um] et dat[am], ita quod imutari reformari seu alterari non possit, perpetuis futuris temporibus sequi et observari debere« (Breve Pauls III. vom 11.10. 1549, in: Steinmann und Pogatscher, 1906, S. 400).

183   Zum Beispiel Luciano Laurana im Jahr 1468 (Warnke, 1985, S. 235).

184   Steinmann und Pogatscher, 1906, S. 404–407; Vasari, 1906, Bd. VII, S. 228; vgl. De Maio, 1878, S. 318 f. und Wittkower, 1968, S. 252

185   *Architekturmodelle*, 1995, Kat.-Nr. 143c, S. 383 f.

186   Argan und Contardi, 1990, 273 ff.

187   Metternich und Thoenes, 1987, S. 124, Anm. 228

188   Thoenes, 2000.

189   Millon und Smyth, 1969

190   S. o. S. 57 f.

191   »E' non si puo negare che Bramante non fussi valente nella architectura quante ogni altro che sia stato dagli antichi in qua« (Michelangelo, Brief an Bartolommeo Ferratino, Ende 1546/Anfang 1547, in: *Carteggio*, 1979, Bd. IV, S. 251. Vgl. zur Übersetzung Metternich, 1975, S. 184, Anm. 14. Das »non fussi valente« kehrt sich im Deutschen in: »nicht unfähig« um, weil das eingangs geäußerte »non« hier hinzuzudenken ist. Eine elegantere Übersetzung würde lauten: »Niemand kann bestreiten, daß Bramante mehr als jeder andere befähigt war...«).

192   »Lui pose la prima pianta di San Pietro, non piena di confusione ma chiara e schietta, luminosa e isolata a torno, in modo, che non nuoceva a chosa nessuna del Palazzo; e fu tenuta cosa bella, come ancora è manifesto; in modo che chiunque s'è discostato da decto ordine di Bramante, come à facto il Sangallo, s'è discostato dalla verità« (ebda.).

193 Pollak, 1915, S. 113; Brief Michelangelos an den Neffen Leonardo Buonarotti, 13.2.1557, in: *Carteggio*, 1983, Bd. v, S. 84. Vgl. Wittkower, 1968, S. 252 f.

194 *Architekturmodelle*, 1995, Kat.-Nr. 135, S. 385 ff.; im Kommentar auch die mutmaßlichen durch Giacomo della Porta vorgenommenen Veränderungen (S. u. S. 90 f.).

195 »Finalmente fu del papa aprovato il modello che aveva fatto Michelagnolo, che ritirava San Piero a minor forma, ma sì bene a maggior grandezza, con satisfazione di tutti quelli che hanno giudizio, ancora che certi che fanno professione d'intendenti (ma in fatti non sono) non lo aprovano« (Vasari, 1906, Bd. vII, S. 220 f.).

196 Baldini, 1993, S. 351 f.; *Architekturmodelle*, 1995, S. 367

197 »illaque ac modellum et formam per ipsum Michaelem Angelum in dicta fabrica seu circa illam factum et datum, ita quod imutari reformavi seu alterari non possit, perpetuis futuris temporibus sequi et observari debere« (Breve Pauls III. vom 11.10.1549, in: Steinmann und Pogatscher, 1906, S. 400).

198 »Ma partend'ora di qua sarei causa d'una gran ruina della fabrica di Santo Pietro, d'una gran vergognia e d'un grandissimo pechato« (Michelangelo an Giorgio Vasari, 19.9.1554, in: *Carteggio*, 1983, Bd. v, S. 21). Vgl. hierzu und zum Folgenden: Burns, 1995, S. 107–108, 120.

199 »(...) fin che fussi a termine che la non potessi esser mutata per dargli altra forma« (Michelangelo an Giorgio Vasari, 22.6.1555, in: *Carteggio*, 1983, Bd. v, S. 35; der Brief vom 11.5.1555: ebda., S. 30).

200 De Maio, 1978, S. 294 f.

201 Sebastiano Malenotti an Leonardo Buonarotti, 14.11.1556, in: *Carteggio indiretto*, 1995, Bd. II, S. 88

202 »(..) io potessi lasciare la fabrica di Santo Pietro in tal termine, che la non potessi esser mutata con altro disegnio fuor dell'ordine mio« (Michelangelo an den Neffen Leonardo Buonarotti, 13.2.1557, in: *Carteggio*, 1983, Bd. v, S. 84).

203 »se mi fussi mutato la compositione da decta fabrica, come l'invidia cerca di fare, sare' come non aver facto niente insino a hora« (ebda., S. 85).

204 »(...) contenterei parechi ladri e sarei cagion della sua rovina, e forse ancora del serrarsi per sempre« (Michelangelo an Giorgio Vasari, 22. (?) Mai 1557, in: *Carteggio*, 1983, Bd. v, S. 106).

205 »Et non voglio che si gli habbino da fare nella fabrica tanti inganni et robbarie (...)« (Bardeschi Ciulich, 1977, S. 258).

206 »Può essere che la Signoria Vostra, che liberato San Pietro dalle mani de'ladri et degli assassini e ridotto quel che era imperfetto a perfettione, habbi a far questo« (Giorgio Vasari an Michelangelo, 20.8.1554, in: *Carteggio*, 1983, Bd. v, S. 19).

207 »(...) di non partire se prima non conduco la fabrica di Santo Pietro a termine che la non possa essere guasta né mutata della mia compositione, e di non dare ochasione di ritornarvi a rubare, come solevano e come ancora aspectano i ladri« (Michelangelo an den Neffen Leonardo, 1.7.1557, in: *Carteggio*, 1983, Bd. v, S. 110).

208 De Maio, 1978, S. 318

209 Millon und Smyth, 1988, S. 228

210 »Basta che egli con ogni accuratezza si messe a far lavorare per tutti que'luoghi dove la fabrica si aveva a mutare d'ordine, a cagione ch'ella si fermassi stabilissima, di

maniera che ella non potessi essere mutata mai più da altri: provedimento di savio e prudente ingegno, perchè non basta il far bene, se non si assicura ancora« (Vasari, 1906, Bd. VII, S. 221 f.).

211   »Pio quarto, ordinò a soprastanti della fabbrica che non si mutasse niente di quanto aveva ordinato Michelangnolo« (Vasari, 1906, Bd. VII, S. 266).

212   »E con maggiore autorità lo fece eseguire Pio quinto suo successore; il quale, perchè non nascessi disordine, volse che si eseguissi inviolabilmente i disegni fatti da Michelagnolo« (Vasari, 1906, Bd. VII, S. 266).

213   »Io o auuto comessione o lettera al uedere le cose della fabrica dj San Piero, che comincjauano a storpiallla et faruj qualche erore« (Giorgio Vasari an Francesco de'Medici, 1.3.1567, in: Frey, 1930, Bd. II, S. 297).

214   »io o ordjne da .N.S.^{re} dj far che osserujno tutto lordjne dj Michelagniolo« (Giorgio Vasari an Vincenzo Borghini, 14.3.1567; in: Frey, 1930, Bd.II, S. 321). Weitere Briefe bei Millon und Smyth, 1988, S. 258, Anm.124 und 125; vgl. auch S. 268 ff.

215   »(…) a non permettere che s'alterasse l'ordine del Buonarotto nella fabbrica di San Pietro« (Vasari, 1906, Bd. VII, S. 705).

216   »(…) e promesse inviolabilmente osservare e fare osservare in quella fabbrica ogni ordine e disegnio che avesse per ciò lasciato Michelangelo, ed in oltre d'essere protettore, difensore e conservatore delle fatiche di sì grande uomo« (Vasari, 1906, Bd. VII, S. 267).

217   Janitschek, *Repertorium für Kunstwissenschaft*, 1879, S. 418–419; De Maio, 1987, S. 323 und Wittkower, 1968, S. 256.

218   Brief von Averardo Serristori an Cosimo I. de' Medici, 19.2.1563, in: Frey, 1930, Bd. II, S. 901.

219   »Per maestro Nanni architetto scriueremo à Nr.º S.^{re}, quando però egli Ci prometta di seguitar' il modello di Michelagnolo senza punto alterarlo« (Cosimo I. de' Medici an Averardo Serristori, 5.3.1563, in: Frey, 1930, Bd. II, S. 902; vgl. Wittkower, 1968, S. 257).

220   »prometto di non annulare nè alterare le cose fatte da mess. Michelagnolo di bona memoria, ma si bene di stabilirle et perpetuarle quanto per me si potrà« (Nanni di Baccio Bigio an Cosimo I. de' Medici, 25.3.1564, in: Wittkower, 1968, S. 262, Anm. 58).

221   S. o. S.65.

222   Keller, 1998, S. 418 f.

223   Wittkower, 1968, S. 257.

224   Vasari wünscht Informationen u. a. über »le persecutionj e trauaglj che gli ebbe al tempo dj. PP. Pauolo 4. et cosi le cose che seguirono a quel tempo dj Nannj di Baccjo Bigio dello atacho et dj Fra Guglielmo« (Giorgio Vasari an Leonardo Buonarotti, 26.3.1564. in: Frey, 1930, Bd. II, S. 66).

225   »(…) dicendo che egli era rimbabito« (Vasari, 1906, Bd. VII, S. 245; vgl Millon und Smyth, 1988, S. 233 f.)

226   »et o auto uentura, che gli ano leuato Pirro, architetto della fabrica dj San Piero« (Giorgio Vasari an Francesco de' Medici, 1.3.1567, in: Frey, 1930, Bd. II, S. 298).

227   »Volendo presuntuosamente muovere ed alterare quell'ordine, fu con poco onor suo levato via dalla fabbrica« (Vasari, 1906, Bd. VII, S. 266).

228 Millon und Smyth, 1988, S. 271
229 Millon und Smyth, 1988. Vgl. auch Keller, 1975.
230 Keller, 1975, S. 49 f.
231 Keller (1975, S. 52) betont dagegen entschieden, daß allein die Horizontale verstärkt worden wäre.
232 Millon und Smyth, 1988, S. 271
233 Millon und Smyth, 1988, passim.
234 Millon und Smyth (1988, S. 238) deuten die Zeichnung in Lille als unabhängig von St. Peter. Die Gegenposition vertrat zuletzt Burns (1995, S. 121).
235 *Architekturmodelle*, 1995, Kat.-Nr. 143b, S. 382 f.
236 Millon und Smyth, 1969, S. 487, Anm.6; Keller, 1975, S. 39, Anm. 37
237 Orazi, 1997, Anhang Nr. 33, S. 210
238 Coolidge, 1942, S. 66 f. und passim; Orazi, 1997, S. 207
239 Coolidge, 1942
240 Wittkower, 1968, S. 256
241 Gramberg, 1984, S. 262, 269 und Thoenes, 1990, 130
242 Keller, 1975, S. 36 f.
243 »uolendo finire detta cuppola senza leuare cosa alcuna che habbi fatto il Buonarotta« (Frey, 1913, S. 152).
244 Frey, 1913, S. 152 f.
245 »In platea lapicidarum in quaedam officina, ubi nunc osservatur ingens aedificium ligneum templi Sancti Petri Antonii de Sancto Gallo, sub Sisto v erant ibi exempla aliqua gypsea et lignea Templi Bonarotae, et testudines eius tholi, quam testudinem aliquantulum depressiorem tenebat. Sed Iacobus a Porta, architectus, Bonarotae alumnus, tholum ipsum altiorem surgere fecit, quia consideravit venustiorem fore et etiam validiorem« (Grimaldi, 1972, fol. 485v).
246 Pollak, 1915, S. 52
247 Vgl. die Zusammenfassung der Forschungsgeschichte in: *Rinascimento*, 1994, S. 657 f., 665 f., und *Architekturmodelle*, 1995, S. 385–388. Am gründlichsten hat Alker (1968) zu belegen verstanden, daß die endgültige Kuppellinie auf Michelangelo selbst zurückgeht.
248 »Immo minoris tholi testudinem, quam depressiorem super sacello Gregoriano construxerat, reformavit et ad maximi tholi imitatione altiorem extulit« (Grimaldi, 1972, fol. 485 v).
249 Orazi, 1997, S. 206 f.
250 Pollak, 1915, S. 67; Metternich und Thoenes, 1987, S. 129, 143; s.o. S.44
251 *Architekturmodelle*, 1995, Kat.-Nr. 135, S. 385 ff.
252 S.o. S. 36
253 Pastor, 1926, Bd. x, S. 497. Zu den Zahlen der Beschäftigten: Thoenes, 1978, S. 479 f.
254 Siebenhüner, 1962, S. 290; Shearman, 1974, S. 567
255 Zur Trennmauer: Thoenes, 1992
256 Thoenes, 1992, S. 53–56, Abb.6
257 Thoenes, 1992, S. 58 f.

258 Thoenes, 1992, S. 59 f.
259 Miarelli Mariani, 1997, S. 235
260 Um 1600 hat Annibale Carracci ein ideales St. Peter als Kompositkirche des vollendeten Neubaues mit dem restaurierten Langhaus der konstantinischen Kirche imaginiert (Miarelli Mariani, 1997, S. 233 ff. und Rice, 1997, S. 258 ff.).
261 S. o. Anm. 256
262 De Maio, 1978, S. 326 f. und 345, Anm. 86; Miarelli Mariani, 1997, S. 235. Zu Ugonio: Herklotz, 1985, S. 39 ff.
263 Miarelli Mariani, 1997, S. 236
264 Zu dieser Kontroverse zuletzt Jobst, 1997, *Basilika*, passim und ders., 1997, *basilica*, S. 243
265 Bentivoglio, 1997; *Hochrenaissance*, 1998, S. 382, 562, Kat.-Nr. 343. Zur historiographischen Methode vgl. die kritische Sicht von Jobst, S. 244 f.
266 Thoenes, 1997, *S. Pietro*, S. 24, 30
267 Alfarano, 1914, S. 26
268 Alfarano, 1914, S. 7, 25 f.; Thoenes, 1996, S. 99; ders., 1997, S. 23; ders., 1998, S. 194 f., 245
269 »(...) per assicurar la da Chiesa vecchia« (Pollak, 1915, Nr. 35, S. 73; Corbo und Pomponi, 1995, S. 230).
270 Hibbard, 1971, S. 158: U A 100; vgl. aber die alternative Identifizierung durch Thoenes, 1992, *Madernos*, S. 172: U 101 A, der hier und in den folgenden Prozessen die Chronologie der Zeichnungen revidieren konnte (1992, *Madernos*, S. 174 f. und passim).
271 Hibbard, 1971, S. 168; vgl. die Namen weiterer Mitglieder: Wazbinski, 1992, S. 148
272 »(...) che si mandi a terra la chiesa vecchia di San Pietro« (Orbaan, 1919, S. 33; Orbaan, 1920, S. 45; Hibbard, 1971, S. 168).
273 Corbo und Pomponi, 1995, S. 230
274 »In una congregatione d'alcuni cardinali e prelati sopra la fabrica di San Pietro si è risoluto batter a terra la chiesa vecchia, che minaccia rovina« (Orbaan, 1919, S. 35; Hibbard, 1971, S. 168).
275 »Baronius acriter et religiose repugnavit, (...) in miserationem, tristitiam ac gemitum animos converterant: et ea tunc bacilica manibus nostris excindebatur« (zit. nach: Pastor, 1927, Bd. XII, S. 587, Anm. 2).
276 Orbaan, 1919, S. 35; Hibbard, 1971, S. 168.
277 Orbaan, 1920, S. 63 f.; Miarelli Mariani, 1997, S. 242, Anm. 75. Corbo und Pomponi, 1995, S. 238, nennen bereits den 30.9. als Beginn der Abbrucharbeiten, Pastor (1927, Bd. XII, S. 588), den 28.9.
278 Niggl, 1971, S. 34
279 Niggl, 1971, S. 34–36
280 Orbaan, 1919, S. 8; Corbo und Pomponi, 1995, S. 238
281 Corbo und Pomponi, 1995, S. 239 f. Im Jahr 1777 wurde sie unter Pius VI. ganz abgerissen, um die neue Sakristei zu bauen (Krautheimer, 1977, S. 181).
282 Orbaan, 1919, S. 15, 82 (20. Februar 1610).
283 Orbaan, 1919, S. 95; Corbo und Pomponi, 1995, S. 241

284 22. November 1611: »Si discopre a furia la chiesa vecchia« (zit. nach Orbaan, 1919, S. 46).
285 Orbaan, 1919, S. 136
286 Orbaan, 1919, S. 138
287 »Quo visum est primum totum ipsum longissimum et amplissimum templum omnium admiratione absolutum et expeditum« (Grimaldi, 1972, fol. 117r; Orbaan, 1919, S. 139).
288 »Murus dividens veteram a nova basilica dejicitur et ruinae veteris templi deficiunt« (Orbaan, 1919, S. 136, Anm. 2).
289 Zur Kritik dieser Vorstellung: Thoenes, 1968
290 Siebenhüner, 1962, S. 302; Stalla, 1997, S. 270
291 »(...) che così si allongaria la nave della chiesa« (Pollak, 1915, Nr. 35, S. 73; Hibbard, 1971, S. 168; Corbo und Pomponi, 1995, S. 230).
292 »per trovar modo di tirar a perfettione la fabrica di s. Pietro conforme al dissegno di Michelangelo« (Hibbard, 1971, S. 168).
293 Hibbard, 1971, S. 156 f., 168.
294 Roca de Amicis, 1997, S. 283 und Thoenes, 1998, S. 196
295 Hibbard, 1971, S. 169
296 Orbaan, 1919, S. 58 ff.; Corbo und Pomponi, 1995, S. 238 f., mit Hinweis, daß es Anfang April 1608 fertiggestellt war.
297 »Nostro Signore (...) tornò subito et fu creduto fosse andato a veder quella fabrica, come camini, ma poi si è scoperto, che andò a veder il modello del resto della fabrica, che si ha da fare et della facciata, che mostra una cosa estremamente bella, la quale Nostro Signore vuole prima si facci« (Orbaan, 1919, S. 63 f.; Orbaan, 1920, S. 84 f.; Hibbard, 1971, S. 170 f.).
298 »muratori (...) a buon conto delli muri, ch'anno preso a disfare a cottimo nel cortile della Pignia, dove si ha da fare la facciata della nuova chiesa« (Orbaan, 1919, S. 65). Vgl. andere das Atrium betreffende Vorgänge bei Corbo und Pomponi, 1995, S. 239.
299 »Romanorum civium gaudio, qui tanti templi supremam manum exoptantes, desperabant« (Orbaan, 1919, S. 65; Hibbard, 1971, S. 171).
300 Spagnesi, 1997, S. 264
301 Orbaan, 1919, S. 66; Orbaan, 1920, S. 7; Hibbard, 1971, S. 171
302 »All' arrivo di detto cardinale Arigone si piglierà qua risolutione dalli deputati della Congregatione sopra la fabrica di San Pietro circa il dissegno, che doverà seguitarsi, stando sin hora irresoluti: se vogliono continuare nel principiato modo, con diminuire il primo disegno, se pure seguiranno il primo, che è di Michelangelo Bonarota« (Orbaan, 1919, S. 67; Hibbard, 1971, S. 159 f., 169).
303 Schütze, 1997, S. 288. Zu den Michelangelo-Anhängern: Pastor, 1927, Bd. XII, S. 590 f. und Wazbinski, 1992, S. 149 ff.
304 Stalla, 1997, S. 270
305 »(...) et si tiene, che si seguitarà il dissegno di Carlo Maderno, architetto, et si butterà a terra quel principio che già si è fatto, riuscendo assai stretto« (Orbaan, 1919, S. 67; Hibbard, 1971, S. 160, 169).
306 Thoenes, 1992, Madernos, S. 177 f.; Wazbinsiki, 1992, S. 153 f.

307 »li due campanili (…) faranno parere la facciata più larga et più proportionata alla grandezza del tempio vecchio, fatto secondo l'architettura di Michelangelo Bonaroti« (Bericht vom 5.9.1612: Orbaan, 1919, S.114; Orbaan, 1920, S.205; Hibbard, 1971, S.176).

308 Orbaan, 1919, S. 18, 95, 99; ders., 1920, S. 204, 7.7.1612

309 Matthäus Greuter, *Pianta della Chiesa di San Pietro*, 1613. Thoenes, 1998, Abb. 32, S. 37.

310 »Non Petro sed Paulo dicata est domus« (Silenzi, 1932, S. 73, 235; vgl. Thoenes, 1998, S. 246).

311 »Cento e piu anni sono, Beatissimo Padre, che l'antico Tempio in Vaticano fabricato dal magno Costantino consecrato dal Beato Silvestro in honore del sommo Iddio e del Prencipe dell'Apostoli stava pendente« (Carlo Maderno, Widmungsbrief vom 30. Mai 1613 an Paul v., zit. nach Orbaan, 1919, S. 125).

312 »Perciò la Santa Memoria de Giulio Papa Pontefice 2do ne gettò parte, e nel medesimo sito cominciò l'altro famosissimo Tempio, secondo l'architettura di Bramante seguitandola Antonio Sangallo et altri, e doppo questi dal famosissimo MICHEL ANGELO Bonarotti remodernato et abellito nella forma che si vede« (ebda.).

313 »stava il nuovo Tempio non finito e l'antico pendente et pericoloso d'irreparabile ruina, come per relatione de più eccelenti Architetti fu referito alla Santità Vostra la quale mossa dall'ingenita sua pietà per evitare qualche lacrimosa strage del popolo fidele che ivi concorreva, diede ordine che si gettasse a terra, dispiacendoli non potersi più sostener in piedi quelle Sante mura« (ebda.)

314 »Ma poiche a questa resolutione si dovea pur una volta venire per dar compimento, come era necessario al famosissimo Tempio già cominciato per la devotione et affetto che haveva al sacro loco, accio in profano uso quell'non si contaminasse, per esser stato ricetto di tanti corpi de Santi e Martiri di Christo, con salvar i vestigij delle Sante reliquie, la memoria del Beato Silvestro, et la riverenza di Costantino, commandò che con l'edifitio della nova Chiesa si circondasse e recoprisse a punto il rimanente della vecchia« (ebda.).

315 »Et accio questo se havesse à fare più esattamente e con maggior diligenza, la Santità Vostra deputò una Congregatione de Cardinali com ampla potestà de sopra-intendere et ordinare quanto à loro paresse opportuno. Iquali adunati insieme, conveniva la prima resolutione fù che si dovessero fare alcune comodità per il culto Divino che mancava nel già fatto, come il Coro per il Clero, Sacristia, Battisterio, un amplo Portico, Loggia della Benedittione, et la Facciata che doveva abbraciare tutto lo spatio della Chiesa vecchia« (ebda., S. 125 f.).

316 »Essendo dunque à gli Architetti che in questa età di alcun nome sono, tanto in Roma come fuori, con promettere à gl'ingegni loro honorato premio fatto intendere che all'invention loro accomodassero le sopradette commodità, havendo ciascun presentato ad essa Congregatione l'inventione e disegno loro, piacque di commun consenso a quegli Illustrissimi Signori che di ciò il carico havevano benignamente approvare il presente che da me gli fu offerto e proposto« (ebda., S. 126).

317 »Dieses Faktum schreibe ich sicherlich nicht so sehr dem höheren Wissen, das in mir sein soll, sondern der einzigartigen Gnade des höchsten Gottes zu, dem es gefal-

len hat, mich, obwohl ich der geringste unter den anderen bin, zu betrauen, daß ich mit dem Fleiß meines minderen Verstandes Eurer Heiligkeit habe dienen können« (»Il che certo non tanto à maggior sapere che in me sia quanto à gratia singolare del Sommo Iddio attribuisco il quale si è compiaciuto concedermi quantunque minimo degli altri habbia potuto con l'industria del mio debole ingegno servir la Santità Vostra« [ebda.]).

318   »Ho procurato far diligentemente intagliar in rame l'unione delle doi piante, delle quali la puntegiata è il già fatto secondo l'ordine de MICHEL ANGELO, il delineato è la parte fatta da me, accio si publichi al mondo la pianta della Chiesa, del Portico, della Loggia Pontificia et della Facciata e delli altissimi Campanili, de quali al presente si fanno li fondamenti. Questo mi è parso bene Beatissime Padre far stampar in rame per sodisfare a quelli che desiderano vedere l'unione delle dette piante et anco a quelli à quali non è permesso il venire di presenza à vedere opera cosi egregia della nostra unica et vera religione« (ebda.).

319   Schütze, 1997, S. 287

320   Pastor, 1927, Bd. XII, S. 664 ff.; vgl. Thoenes, 1963, S. 143, Anm. 154

321   Argan und Contradi, 1990, S. 276. Zum Tabernakel grundlegend: Thelen, 1967, Lavin, 1968 und ders., 1984, S. 413.

322   Preimesberger, 1991, S. 247 ff.

323   Schütze, 1997, S. 291

324   Pastor, 1929, Bd. XIV, S. 279.

325   Tagebuch des Herrn von Chantelou, 15.7.1665, in: Chantelou, 1885, S. 52; Übers. nach Chantelou, 1919, S. 49; vgl. Thoenes, 1963, S. 122, Anm. 154 und ders., 1996, S. 488, Anm. 16

326   »(...) essendo la chiesa di San Pietro quasi matrice di tutte le altre doveva haver' un Portico che per l'appunto dimostrasse di ricevere à braccia aperte maternamente i Cattolici per confermarli nella credenza, gl'Heretici per riunirli alla Chiesa, e gli'Infedeli per illuminare alla vera fede« (zit. nach Thoenes, 1963, S. 120). Zum Armmotiv auch: Chantelou, 1919, S. 36, 49

327   Chantelou, 1919, S. 36. Zur Konzeption des Petersplatzes als »Korrektur« von Madernos Fassade: Thoenes, 1963, S. 123 ff.

328   Hager, 1997, S. 337 f.

329   Birindelli, 1987, Abb. II, S. 12 und XXX, S. 127

330   Thoenes, 1986, St. Peter, S. 490, Anm. 21

331   Thoenes, 1987; ders., 1998, S. 108–123. Zur Modernität der Gegenreformation: Prodi, 1982 und Schilling, 1992. Zu Berninis Konzept idealer Herrschaft: Lavin, 1998.

332   Leisching, 1979, S. 430 ff.

333   Schumpeter, 1946, S. 138

BIBLIOGRAPHIE

Ackerman, James S. (1961), *The Architecture of Michelangelo*, 2 Bde., London

Ackermann, James S. (1974), Notes on Bramantes Bad Reputation, in: *Studi Bramanteschi. Atti del Congresso internazionale*, Milano, Urbino, Roma 1970, Rom, S. 339-349

Alberti, Leon Battista (1966), *L'architettura (De re aedificatoria)* (Hg.: Giovanni Orlandi), Mailand

Alfarano, Tiberio (1914), *De Basilicae Vaticanae antiquissima et nova structura* (Hg.: Michele Cerrati), Rom

Alker, Hermann Reinhard (1968), *Michelangelo und seine Kuppel von St. Peter in Rom*, Karlsruhe

Altieri, Marco Antonio (1873), *Li Nuptiali* (Hg.: Enrico Narducci), Rom

Arbeiter, Achim (1988), *Alt-St. Peter in Geschichte und Wissenschaft*, Berlin

Architekturmodelle der Renaissance. Die Harmonie des Bauens von Alberti bis Michelangelo (Hg.: Bernd Evers), (1995), Ausstellungskatalog, München

Argan, Giulio und Bruno Contardi (1990), *Michelangelo Architetto*, Mailand

Baldini, Gianni (1995), Di Antonio Labacco Vercellese, Architetto Romano del Secolo XVI, in: *Mitteilungen des kunsthistorischen Instituts in Florenz*, Bd. XXXII, S. 337 bis 380

Bannister, Turpin C. (1968), The Constantinian Basilica of Saint Peter at Rome, in: *Journal of the Society of Architectural Historians*, Bd. 27, S. 3-32

Bardeschi Ciulich, Lucilla (1977), Documenti inediti su Michelangelo e l'incarico di San Pietro, in: *Rinascimento*. N.S. Bd. 17, S. 235-275

Benedetti, Sandro (1995), Sangallos Modell für St. Peter, in: *Architekturmodelle der Renaissance. Die Harmonie des Bauens von Alberti bis Michelangelo* (Hg.: Bernd Evers), (1995), Ausstellungskatalog, München, S. 110-115

Bentivoglio, Enzo (1997), Tiberio Alfarano: Le piante del vecchio S. Pietro sulla pianta del nuovo edita del Dupérac, in: *L'architettura della basilica di San Pietro, storia e costruzione. Atti del convegno internazionale di studi*, Rom 7.-10. November 1995 (Hg.: Gianfranco Spagnesi), Rom, S. 247-254

Birindelli, Massimo (1987), *Ortsbindung. Eine architekturkritische Entdeckung: Der Petersplatz des Gianlorenzo Bernini*, Braunschweig und Wiesbaden

Bonanni, Filippo (1696), *Numismata Summorum Pontificium Templi Vaticani fabricam indicantia*, Rom

Borgolte, Michael (1989), *Petrusnachfolge und Kaiserimitation. Die Grablege der Päpste, ihre Genese und Traditionsbildung*, Göttingen

Borsi, Stefano (1985), *Giuliano da Sangallo. I disegni di architettura e dell'antico*, Rom

Borsook, Eve (1973), The travels of Bernardo Michelozzi and Bonsignore Bonsignori in the Levant 1497-1498, in: *Journal of the Warburg and Courtauld Institutes*, Bd. 36, S. 145-197

Bredekamp, Horst (1989), Grillenfänge von Michelangelo bis Goethe, in: *Marburger Jahrbuch für Kunstwissenschaft*, Bd. 22, S. 169-180

Bredekamp, Horst (1990), Maarten van Heemskercks Bildersturmzyklen als Angriffe auf Rom, in: *Bilder und Bildersturm im Spätmittelalter und in der frühen Neuzeit* (Hg.: Bob Scribner und Martin Warnke), Wiesbaden, S. 203-247

Bredekamp, Horst (1995), Michelangelos Modellkritik, in: *Architekturmodelle der Renaissance. Die Harmonie des Bauens von Alberti bis Michelangelo* (Hg.: Bernd Evers), Ausstellungskatalog, München und New York, S. 116-123

Bredekamp, Horst (1998), Grabmäler der Renaissancepäpste. Die Kunst der Nachwelt, in: *Hochrenaissance im Vatikan. Kunst und Kultur im Rom der Päpste I 1503-1534*, Ausstellungskatalog, Bonn, S. 259-267

Brewer, H. W. (1892), Old St. Peter's, in: *The Builder*, Bd. 62 (Januar-Juni), S. 2-4

Brummer, Hans Henrik (1970), *The Statue Court in the Vatican Belvedere*, Stockholm

Bruschi, Arnaldo (1989), Baldassarre Peruzzi in San Pietro attraverso i suoi disegni, in: *Il Disegno di Architettura. Atti del Convegno Milano 15-18 febbraio 1988* (Hg.: Paolo Carpeggiani und Luciano Patetta), Mailand, S. 181-190

Bruschi, Arnaldo (1992), I primi progetti di Antonio da Sangallo il Giovane per S. Pietro, in: *Architektur und Kunst im Abendland, Festschrift zur Vollendung des 65. Lebensjahres von Günter Urban* (Hg.: Michael Jansen und Klaus Winands), Rom, S. 63-81

Buddensieg, Tilmann (1975), Bernardo della Volpaia und Giovanni Francesco da Sangallo. Der Autor des Codex Coner und seine Stellung im Sangallo-Kreis, in: *Römisches Jahrbuch für Kunstgeschichte*, Bd. XV, S. 89-107

Burns, Howard (1995), Building against time: Renaissance strategies to secure large churches against changes of their design, in: *L'église dans l'architecture de la Renaissance, Actes du colloque tenu à Tours du 28 au 31 mai 1990* (Hg.: Jean Guillaume), Paris, S. 107-131

Camesasca, Ettore (Hg.) (1994), *Raffaello. Gli scritti*, Mailand

Campbell, Ian (1981), The New St. Peter's: Basilica or Temple?, in: *The Oxford Art Journal*, Bd. 4, Juli, S. 3-8

Carpiceci, Alberto Carlo und Richard Krautheimer (1995), Nuovi dati sull'Antica Basilica di San Pietro in Vaticano, Parte I, in: *Bolletino d'Arte*, Jg. LXXX, Nr. 93/94, S. 1-70

Carpiceci, Alberto Carlo und Richard Krautheimer (1996), Nuovi dati sull'Antica Basilica di San Pietro in Vaticano, Parte II, in: *Bolletino d'Arte*, Jg. LXXXI, Nr. 95, S. 1-84

Carteggio di Michelangelo, Il (Hg.: Giovanni Poggi, Paola Barocchi und Renzo Ristori) (1965-1983), Bde. I-V, Florenz

Carteggio indiretto di Michelangelo, Il (Hg.: Paola Barocchi, Kathleen Loach Bramanti und Renzo Ristori) (1995), Bd. II, Florenz

Chantelou, P. Fréart de (1885), *Journal du voyage du Cavalier Bernin en France*, Paris

Chantelou, P. Fréart de (1919), *Tagebuch des Herrn von Chantelou über die Reise des Cavaliere Bernini nach Frankreich* (Übers.: Hans Rose), München

Chastel, André (1984), *Le sac de Rome, 1527. Du premier maniérisme à la contre-réforme*, Paris

Choate, Steve B. (1996), Bramante, Michelangelo and Giacomo Della Porta: The Meaning of the Dome, in: *Athanor* XIV, S. 21-29

Condivi, Ascanio (1930), *Michelangelo. La Vita* (Hg.: Paolo d'Ancona), Mailand

Coolidge, John (1942), Vignola, and the little domes of St. Peter's, in: *Marsyas*, Bd. II, S. 63-124

Corbo, Anna Maria und Massimo Pomponi (Hg.) (1995), *Fonti per la storia artistica Romana al tempo di Paolo v* (= Pubblicazioni degli Archivi di Stato. Strumenti CXXI), Rom

D'Amico, John F. (1980), Papal history and curial reform in the Renaissance. Raffaele Maffei's Brevis Historia of Julius II and Leo X, in: *Archivum Historiae Pontificiae*, Bd. XVIII, S. 157-190

De Maio, Romeo (1978), *Michelangelo e la Controriforma*, Bari

Denker Nesselrath, Christiane (1990), *Die Säulenordnungen bei Bramante*, Worms

Denker Nesselrath, Christiane und Arnold Nesselrath (2001), Die Wappen der Erzpriester an der Lateranbasilika oder Wie Bramante nach Rom kam, ersch. in: *Festschrift Arnold Esch*, Paris

Dittscheid, Hans-Christoph (1996), Form versus Materie. Zum Spoliengebrauch in den römischen Bauten und Projekten Donato Bramantes, in: *Antike Spolien in der Architektur des Mittelaters und der Renaissance* (Hg.: Joachim Poeschke), München, S. 277-307

Echinger-Maurach, Claudia (1991), *Studien zu Michelangelos Juliusgrabmal*, 2 Bde., Hildesheim, Zürich, New York

Ettlinger, Leopold D. (1953), Pollaiuolo's Tomb of Pope Sixtus IV, in: *Journal of the Warburg and Courtauld Institutes*, Bd. 16, S. 239-274

Ettlinger, Leopold D. (1978), *Antonio and Piero Pollaiuolo*, Oxford u. New York

Ferrari, Guy (1957), E*arly Roman monsteries. Notes for the history of the monasteries and convents at Rome from the V through the X century*, Vatikanstadt

Ferretto, Giuseppe (1942), *Note storico-bibliografiche di archeologia cristiana*, Vatikanstadt

Filarete, *Trattato di architettura* (1972), (Hg.: Maria Finoli und Liliana Grassi), Mailand

Filippi, Elena (1990), *Maarten van Heemskerck. Inventio Urbis*, Mailand

Francia, E. (1989), *Storia della costruzione del nuovo San Pietro da Michelangelo a Bernini*, Rom

Francia, Ennio (1977), *1505-1606. Storia della costruzione del nuovo S. Pietro*, Rom

Frey, Karl (1909), Studien zu Michelagniolo Buonarroti und zur Kunst seiner Zeit. Die Fabbrica di San Pietro, in: *Jahrbuch der Königlich Preußischen Kunstsammlungen*, Bd. 30, 1909, Beiheft, S. 167-180

Frey, Karl (1911), Zur Baugeschichte des St. Peter. Mitteilungen aus der Reverendissima Fabbrica di S. Pietro, in: *Jahrbuch der Königlich Preußischen Kunstsammlungen*, Bd. 31, 1910, Beiheft, S. 1-95

Frey, Karl (1913), Zur Baugeschichte des St.Peter. Mitteilungen aus der Reverendissima Fabbrica di S. Pietro, in: *Jahrbuch der Königlich Preußischen Kunstsammlungen*, Bd. 33, 1912, Beiheft, S. 1-153

Frey, Karl (1916), Zur Baugeschichte von St. Peter. Mitteilungen aus der Reverendissima Fabbrica di S. Pietro, in: *Jahrbuch der Königlich Preußischen Kunstsammlungen*, Bd. 37, 1916, Beiheft, S. 22-136

Frey, Karl (1930), *Der literarische Nachlaß Giorgio Vasaris*, Bd. 2, München
Frommel, Christoph Luitpold (1976), Die Peterskirche unter Papst Julius II. im Licht neuer Dokumente, in: *Römisches Jahrbuch für Kunstgeschichte*, Bd. XVI, S. 57–136
Frommel, Christoph Luitpold (1977), »Capella Iulia«: Die Grabkapelle Papst Julius' II in Neu-St. Peter, in: *Zeitschrift für Kunstgeschichte*, Bd. 40, S. 26–62
Frommel, Christoph Luitpold (1987), Die Baugeschichte von St. Peter, Rom, in: Christoph Luitpold Frommel, Stefano Ray und Manfredo Tafuri, *Raffael. Das architektonische Werk*, Stuttgart, S. 241–255
Frommel, Christoph Luitpold (1994), San Pietro, in: *Rinascimento da Brunelleschi a Michelangelo. La Rappresentatione dell'Architettura* (Hg.: Henry A. Millon und Vittorio Magnago Lampugnani), Ausstellungskatalog, Venedig, S. 399–423 und 599–632
Frommel, Christoph Luitpold (1997), Il San Pietro di Nicolò v., in: *L'architettura della basilica di San Pietro, storia e costruzione. Atti del convegno internazionale di studi, Rom 7.-10. November 1995* (Hg.: Gianfranco Spagnesi), Rom, S. 103–118
Geymüller, Heinrich von (1868), *Notizen über die Entwürfe zu St. Peter in Rom aus bis jetzt unbekannten Quellen*, Carlsruhe
Geymüller, Heinrich von (1875), *Les projets primitifs pour la basilique de Saint-Pierre de Rome. Die ursprünglichen Entwürfe für Sanct Peter in Rom*, Wien und Paris
Gramberg, Werner (1984), Guglielmo della Portas Grabmal für Paul III. Farnese in San Pietro in Vaticano, in: *Römisches Jahrbuch für Kunstgeschichte*, Bd. 21, S. 253 bis 363
Grassi, Paride (1886), *Le due spedizioni militari di Giulio II* (Hg.: Luigi Frati), Bologna
Grimaldi, Giacomo (1972), *Descrizione della basilica antica di S. Pietro in Vaticano, Codice Barberini Latino 2733* (Hg.: Reto Niggl), Vatikanstadt
Guarna da Salerno, Andrea (1970), *Scimmia* (Hg. und Übers.: Eugenio und Giuseppina Battisti), Rom
Günther, Hubertus (1995), Leitende Bauideen in der Planung der Peterskirche, in: *L'église dans l'architecture de la Renaissance, Actes du colloque tenu à Tours du 28 au 31 mai 1990* (Hg.: Jean Guillaume), Paris, S. 41–78
Günther, Hubertus (1997), I progetti di ricostruzione della basilica di S. Pietro negli scritti contemporanei: giustificazioni e scrupoli, in: *L'architettura della basilica di San Pietro, storia e costruzione. Atti del convegno internazionale di studi, Rom 7.-10. November 1995* (Hg.: Gianfranco Spagnesi), Rom, S. 137–148
Haffner, Dorothee (1999), *De ornamentum parietum sacrorum. Zur Innendekoration lombardischer Sakralbauten (1460–1530)*, Hildesheim, Zürich und New York
Hager, Hellmut (1997), Bernini, Carlo Fontana e la Fortuna del ›Terzo Braccio‹ del Colonnato di Piazza San Pietro in Vaticano, in: *L'architettura della basilica di San Pietro, storia e costruzione. Atti del convegno internazionale di studi, Rom 7.-10. November 1995* (Hg.: Gianfranco Spagnesi), Rom, S. 337–360
Harprath, Richard (1978), *Papst Paul III. als Alexander der Große. Das Freskenprogramm der Sala Paolina in der Engelsburg*, Berlin u. New York
Herklotz, Ingo (1985), *Historia sacra* und mittelalterliche Kunst während der zweiten

Hälfte des 16. Jahrhunderts in Rom, in: *Baronio e l'Arte. Atti del Convegno Internazionale di Studi Sora 10–13 Ottobre 1984*, Sora, S. 21–74

Herklotz, Ingo (1999), *Cassiano dal Pozzo und die Archäologie des 17. Jahrhunderts*, München

Hibbard, Howard (1971), *Carlo Maderno and Roman Architecture 1580–1630*, London

Hill, G. F. (1930), *A Corpus of Italian Medals before Cellini*, London

Hochrenaissance im Vatikan. Kunst und Kultur im Rom der Päpste I. 1503–1534 (1998), Ausstellungskatalog, Kunst- und Ausstellungshalle der BRD, Bonn

Hofmann, Theobald (1928), *Entstehungsgeschichte des St. Peter in Rom*, Zittau

Hubert, Hans (1988), Bramantes St. Peter. Entwürfe und die Stellung des Apostelgrabes, in: *Zeitschrift für Kunstgeschichte*, Bd. 51, S. 195–221

Hubert, Hans (1992), Bramante, Peruzzi, Serlio und die Peterskuppel, in: *Zeitschrift für Kunstgeschichte*, Bd. 61, 1992, S. 353–371

Hülsen, E. und H. Egger (1913), *Die Römischen Skizzenbücher von Marten van Heemskerck im Königlichen Kupferstichkabinett zu Berlin*, 2 Bde., Berlin

Infessura, Stefano (1979), *Römisches Tagebuch* (Übers.: Hermann Hefele), Dd./Köln

Jobst, Christoph (1997), Die christliche Basilika. Zur Diskussion eines Sakralbaues in italienischen Quellen der posttridentinischen Zeit, in: *Zeitsprünge. Forschungen zur Frühen Neuzeit* (Hg.: Klaus Reichert), Bd. 1, Nr. 3/4, S. 698–749

Jobst, Christoph (1997), La basilica di San Pietro e il dibattito sui tipi edili. Onofrio Panvinio e Tiberio Alfarano, in: *L'architettura della basilica di San Pietro, storia e costruzione. Atti del convegno internazionale di studi, Rom 7.–10. November 1995* (Hg.: Gianfranco Spagnesi), Rom, S. 243–246

Keller, Fritz Eugen (1975), Zur Planung am Bau der römischen Peterskirche im Jahre 1564–65, in: *Jahrbuch der Berliner Museen*, Bd. 17, S. 24–56

Keller, Fritz Eugen (1998), Die Umwandlung des Antikengartens zum Statuenhof durch das architektonische Ornament Pirro Ligorios, in: *Il Cortile delle Statue. Der Statuenhof des Belvedere im Vatikan* (Hg.: Matthias Winner, Bernard Andreae, Carlo Pietrangeli), Mainz, S. 411–420

Kempers, Bram (1996), Diverging Perspectives. New Saint Peter's: Artistic Ambitions, Liturgical Requirements, Financial Limitations and Historical Interpretations, in: *Mededelingen van het Nederlands Instituut te Rome*, Bd. 55, S. 213–251

Kempers, Bram (1998), *Julius inter laudem et vituperationem*. Ein Papst unter gegensätzlichen Gesichtspunkten betrachtet, in: *Hochrenaissance im Vatikan. Kunst und Kultur im Rom der Päpste I. 1503–1534*, Ausstellungskatalog, Kunst- und Ausstellungshalle der Bundesrepublik Deutschland, Bonn, S. 15–29

Kempers, Bram (2000), »Capella Iulia« and »Capella Sixti«. The Della Rovere tombs in Saint Peter's, Sisto IV, in: *Le Arti a Roma nel primo Rinascimento, convegno internazionale di studi, Rom 23.–25. Oktober 1997* (Hg.: F. Benzi), Rom.

Klodt, Olaf (1992), *Templi Petri Instauracio. Die Neubauentwürfe für St. Peter in Rom unter Julius II. und Bramante (1505–1513)*, Ammersbek

Klodt, Olaf (1996), Bramantes Entwürfe für die Peterskirche in Rom. Die Metamorphose des Zentralbaus, in: *Festschrift für Fritz Jacobs zum 60. Geburtstag* (Hg.: Olaf Klodt u. a.), Münster, S. 119–152

Krauss, Franz und Christof Thoenes (1991/92), Bramantes Entwurf für die Kuppel von St. Peter, in: *Römisches Jahrbuch der Bibliotheca Hertziana*, Bd. 27/28, S. 189-199

Krautheimer, Richard (1977), *Corpus Basilicarum Christianarum Romae*, v, Vatikanstadt.

Krautheimer, Richard (1985), *The Rome of Alexander* VII, *1655-1667*, Princeton, N. J.

L'architettura della basilica di San Pietro, storia e costruzione (1997). Atti del convegno internazionale di studi, Rom 7.-10. November 1995 (Hg.: Gianfranco Spagnesi), (= Quaderni dell'Istituto di Storia dell'Architettura, n. S., 1995-1997, Nr. 25-30), Rom

Lavin, Irving (1968), *Bernini and the Crossing of St. Peter's*, New York

Lavin, Irving (1980), *Bernini and the Unity of the Visual Arts*, New York und London

Lavin, Irving (1984), Bernini's baldachin: considering a reconsideration, in: *Römisches Jahrbuch für Kunstgeschichte*, Bd. 21, S. 405-414

Lavin, Irving (1998), *Bernini e l'immagine del principe cristiano ideale*, Modena

Leisching, Peter (1979), Roma Restauranda. Versuch einer Geschichte des päpstlichen Denkmalschutzrechtes, in: *Römische Kurie. Kirchliche Finanzen. Vatikanisches Archiv. Studien zu Ehren von Hermann Hoberg* (Hg.: Erwin Gatz), Rom, S. 425-443

Lepik, Andres (1994), *Das Architekturmodell in Italien 1335-1550*, Worms

Letarouilly, Paul Marie (1882), *Le Vatican et la Basilique du Saint-Pierre de Rome*, 2 Bde., Paris

Maffei, Raffaele (1980), Breuis sub Iulio Leoneque Historia (Hg.: John F. D'Amico), in: *Archivum Historiae Pontificiae*, Bd. XVIII, S. 191-210

Maffei, Raffaele (1980), Brevis sub Iulio Leoneque historia (Hg.: J.F.D'Amico), in: ders., Papal history and curial reform in the Renaissance, in: *Archivium Historiae Pontificiae*, Bd. VIII, S. 157-200

Magnuson, Torgil (1958), *Studies in Roman Quattrocento Architecture* (= Figura, Bd. 9), Stockholm

Metternich, Franz Graf Wolff (1972), *Die Erbauung der Peterskirche zu Rom im 16. Jahrhundert. Erster Teil. Die Zeit Julius' II., Leos X., Hadrians und Clemens' VII.*, Tafelband, Wien

Metternich, Franz Graf Wolff (1975), *Bramante und St. Peter*, München

Metternich, Franz Graf Wolff und Christof Thoenes (1987), *Die frühen St.-Peter-Entwürfe 1505-1514*, Tübingen

Miarelli Mariani, Gaetano (1997), L'antico San Pietro, demolirlo o conservarlo?, in: *L'architettura della basilica di San Pietro, storia e costruzione. Atti del convegno internazionale di studi, Rom 7.-10. November 1995* (Hg.: Gianfranco Spagnesi), Rom, S. 229-242

Millon, Henry A. und Craigh Hugh Smyth (1976), Michelangelo and St. Peter's: Observations on the interior of the apses, a model of the apse vault, and related drawings, in: *Römisches Jahrbuch für Kunstgeschichte*, Bd. XVI, S. 137-206

Millon, Henry A. und Craig H. Smyth (1988), Pirro Ligorio, Michelangelo, and St. Peter's, in: *Pirro Ligorio, Artist and Antiquarian* (Hg.: R. W. Gaston), Mailand, S. 216 bis 286

Murray, Linda (1985), *Michelangelo, Sein Leben – sein Werk – seine Zeit*, Stuttgart

Niederländische Zeichnungen des 16. Jahrhunderts in der staatlichen graphischen Sammlung München (1989), (Hg.: Holm Bevers), Ausstellungskatalog, München

Niggl, Reto (1971), *Giacomo Grimaldi (1568-1623), Leben und Werk des römischen Archäologen und Historikers*, München

Orazi, Anna Maria (1997), Attività di Jacopo Barozzi da Vignola in S. Pietro e suo confronto con il magistero di Michelangelo, in: *L'architettura della basilica di San Pietro, storia e costruzione. Atti del convegno internazionale di studi, Rom 7.-10. November 1995* (Hg.: Gianfranco Spagnesi), Rom, S. 201-210

Orbaan, J. A. F. (1919), Der Abbruch Alt-Sankt-Peters 1605-1615, in: *Jahrbuch der Königlich Preußischen Kunstsammlungen*. Beiheft zum 39. Band, Berlin

Orbaan, J. A. F. (1920), *Documenti sul Barocco in Roma*, Rom

Panofsky, Erwin (1937), The First Two Projects of Michelangelo's Tomb of Julius II, in: *The Art Bulletin*, Bd. XIX, S. 561-579

Panofsky, Erwin (1993), *Grabplastik*, Köln [1964]

Pastor, Ludwig Freiherr von (1925-1933), *Geschichte der Päpste seit dem Ausgang des Mittelalters*, 17 Bde., Freiburg i. Br.

Poggio Bracciolini (1832-61), *Epistolae* (Hg.: Tomasso Tonelli), Florenz

Pollak, Oskar (1915), Ausgewählte Akten zur Geschichte der römischen Peterskirche (1535-1621), in: *Jahrbuch der Kgl. Preußischen Kunstsammlungen*, Bd. 36, S. 21-117

Preimesberger, Rudolf (1991), Maiestas loci. Zum Kuppelraum von St. Peter in Rom unter Urban VIII (1623-1644), in: *Berliner Wissenschaftliche Gesellschaft e.V., Jahrbuch 1991*, S. 247-268

Previtali, Giovanni (1964), *La fortuna dei primitivi. Dal Vasari ai neoclassici*, Turin

Prodi, Paolo (1982), *Il sovrano pontefice*, Bologna

Reinhardt, Volker (1992), *Rom: Kunst und Geschichte; 1480-1650*, Freiburg

Reudenbach, Bruno (1980), Säule und Apostel. Überlegungen zum Verhältnis von Architektur und architekturexegetischer Literatur im Mittelalter, in: *Frühmittelalterliche Studien*, Bd. 14, S. 310-351

Reudenbach, Bruno (1992), Die Gemeinschaft als Körper und Gebäude. Francesco di Giorgios Stadttheorie und die Visualisierung von Sozialmetaphern im Mittelalter, in: *Gepeinigt, begehrt, vergessen. Symbolik und Sozialbezug des Körpers im späten Mittelalter und in der frühen Neuzeit* (Hg.: Klaus Schreiner und Norbert Schnitzler), München, S. 171-191

Rice, Louise (1997), La Coesistenza delle due Basiliche, in: *L'architettura della basilica di San Pietro, storia e costruzione. Atti del convegno internazionale di studi, Rom 7.-10. November 1995* (Hg.: Gianfranco Spagnesi), Rom, S. 255-260

Rinascimento da Brunelleschi a Michelangelo. La Rappresentazione dell'Architettura (1994), (Hg.: Henry Millon und Vittorio Magnago Lampugniani), Mailand

Roca de Amicis, Augusto (1997), La Facciata di S. Pietro: Maderno e la Ricezione dei Progetti Michelangioleschi nel Primo Seicento, in: *L'architettura della basilica di San Pietro, storia e costruzione. Atti del convegno internazionale di studi, Rom 7.-10. November 1995* (Hg.: Gianfranco Spagnesi), Rom, S. 279-284

Saalmann, Howard (1975), Michelangelo: S. Maria del Fiore and St. Peter's, in: *The Art Bulletin*, Bd. LVII, Nr. 3, S. 374-408

Saalmann, Howard (1978), Michelangelo at St. Peter's: The Arberino Correspondence, in: *The Art Bulletin*, Bd. LX, Nr. 3, S. 483-493

Saalmann, Howard (1989), Die Planung Neu-St. Peters. Kritische Bemerkungen zum Stand der Forschung, in: *Münchner Jahrbuch der Bildenden Kunst*, Bd. XL, S. 102-140

San Pietro che non c'è da Bramante a Sangallo il Giovane (Hg.: Cristiano Tessari) (1996), Mailand

Sanuto, Marino (1881), *I Diarii* (Hg.: F. Stefani), Venedig

Satzinger, Georg (1996), *Nikolaus v.*, Nikolaus Muffel und Bramante: monumentale Triumphbogensäulen in Alt-St. Peter, in: *Römisches Jahrbuch der Bibliotheca Hertziana*, Bd. 31, S. 92-105

Schilling, Heinz (1992), *Religion, Politicial Culture and the Emergence od Early Modern Society*, Leiden

Schröter, Elisabeth (1980), Der Vatikan als Hügel Apollons und der Musen. Kunst und Panegyrik von Nikolaus v. bis Julius II., in: *Römische Quartalschrift für christliche Altertumskunde und Kirchengeschichte*, Bd. 75, Heft 3-4, S. 208-240

Schumpeter, Joseph A. (1946), *Kapitalismus, Sozialismus und Demokratie*, Bern

Schütze, Sebastian (1997), Urbano VIII e S. Pietro: Significati di un grande projetto, in: *L'architettura della basilica di San Pietro, storia e costruzione. Atti del convegno internazionale di studi, Rom 7.-10. November 1995* (Hg.: Gianfranco Spagnesi), Rom, S. 287-294

Serlio, Sebastiano (1540), *Il terzo libro*, Venedig

Shaw, Christine (1993), *Julius II. The Warrier Pope*, Oxford

Shearman, John (1974), Il »Tiburio« di Bramante, in: *Studi Bramanteschi. Atti del Congresso internazionale. Milano, Urbino, Roma, 1970*, Rom, S. 567-573

Siebenhüner, Herbert (1962), Umrisse zur Geschichte der Ausstattung von St. Peter in Rom von Paul III. bis Paul IV., in: *Festschrift für Hans Sedlmayr*, S. 229-320

Spagnesi, Piero (1977), Carlo Maderno in S. Pietro: Note sul Prolungamento della Basilica Vaticana, in: *L'architettura della basilica di San Pietro, storia e costruzione. Atti del convegno internazionale di studi, Rom 7.-10. November 1995* (Hg.: Gianfranco Spagnesi), Rom, S. 261-268

Stalla, Robert (1977), La Navata di S. Pietro sotto Paolo v. La Tradizione della Forma Architettonica, in: *L'architettura della basilica di San Pietro, storia e costruzione. Atti del convegno internazionale di studi, Rom 7.-10. November 1995* (Hg.: Gianfranco Spagnesi), Rom, S. 269-274

Steinmann Ernst und Heinrich Pogatscher (1906), Dokumente und Forschungen zu Michelangelo, in: *Repertorium für Kunstwissenschaft*, Bd. XXIX, S. 387-424, 485-517

Straub, Hans (1975), *Die Geschichte der Bauingenieurskunst. Ein Überblick von der Antike bis in die Neuzeit*, Basel und Stuttgart

Summers, David (1981), *Michelangelo and the Language of Art*, Princeton, N.J.

Tafuri, Manfredo (1987), »Roma instaurata«. Päpstliche Politik und Stadtgestaltung im Rom des frühen Cinquecento, in: Christoph Luitpold Frommel, Stefano Ray und Manfredo Tafuri, *Raffael. Das architektonische Werk*, Stuttgart, S. 59-106

The Renaissance from Brunelleschi to Michelangelo: The Representation of Architecture (Hg.: H. A. Millon und V. M. Lampugnani) (1994), Ausstellungskatalog, Venedig

Thelen, Heinrich (1967), *Zur Entstehung der Hochaltarsarchitektur von St. Peter in Rom*, Berlin

Thion, Edmond (Hg.) (1875), *Julius. Dialogue entre Saint Pierre et le Pape Jules II a la porte du paradis (1513)*. Attribué à Érasme, à Fausto Andrelini et plus communément à Ulrich Hutten, Paris

Thoenes, Christof (1963), Studien zur Geschichte des Petersplatzes, in: *Zeitschrift für Kunstgeschichte*, Bd. 26, S. 97–145

Thoenes, Christof (1968), Bemerkungen zur St. Peter-Fassade Michelangelos, in: *Munuskula Discipulorum. Kunsthistorische Studien Hans Kauffmann zum 70. Geburtstag 1966*, Berlin, S. 331–341

Thoenes, Christof (1978), Rez. von Francia, 1977, in: *Kunstchronik*, 31. Jg., Dezember, Nr. 12, S. 474–489

Thoenes, Christof (1982), St. Peter: Erste Skizzen, in: *Daidalos*, Nr. 5, S. 81–98

Thoenes, Christof (1983), Vignolas »Regola delli Cinque Ordini«, in: *Römisches Jahrbuch für Kunstgeschichte*, Bd. 20, S. 347–376

Thoenes, Christof (1986), La »Lettera« a Leone x, in: *Raffaelo a Roma, Atti del convegno del 1983*, Rom, S. 59–73

Thoenes, Christof (1986), St. Peter als Ruine. Zu einigen Veduten Heemskercks, in: *Zeitschrift für Kunstgeschichte*, Bd. 49, S. 481–501

Thoenes, Christof (1987), Versuch über Architektur und Gesellschaft im Werk Vignolas, in: *Kritische Berichte*, Nr. 3–4, S. 5–19

Thoenes, Christof (1990), »Peregi naturae cursum«. Zum Grabmal Pauls III., in: *Festschrift für Hartmut Biermann* (Hg.: Christoph Andreas u. A.), Weinheim, S. 129 bis 141, 347–353

Thoenes, Christof (1991/92), Bramantes Entwurf für die Kuppel von St. Peter, in: *Römisches Jahrbuch der Bibliotheca Hertziana*, Bd. 27/28, S. 185–200

Thoenes, Christof (1992), Alt- und Neu-St. Peter unter einem Dach. Zu Antonio da Sangallos »Muro Divisorio«, in: *Architektur und Kunst im Abendland, Festschrift zur Vollendung des 65. Lebensjahres von Günter Urban* (Hg.: Michael Jansen und Klaus Winands), Rom, S. 51–61

Thoenes, Christof (1992), Madernos St. Peter-Entwürfe, in: *An Architectural Progress in the Renaissance and Baroque. Sojournes In and Out of Italy. Essays in Architectural History. Presented to Hellmut Hager on his Sixty-sixth Birthday* (Hg.: Henry A. Millon und Susan Scott Munshower), The Pensylvania State University, S. 170–193

Thoenes, Christof (1994), Antonio da Sangallos Modell von St. Peter, in: *Bauwelt*, 85. Jg., Nr. 20, S. 1090–1097

Thoenes, Christof (1994), Neue Beobachtungen an Bramantes St.-Peter-Entwürfen, in: *Münchner Jahrbuch der Bildenden Kunst*, Bd. XLV, S. 109–132

Thoenes, Christof (1995), Pianta centrale e pianta longitudinale nel nuovo S. Pietro, in: *L'église dans l'architecture de la Renaissance, Actes du colloque tenu à Tours du 28 au 31 mai 1990* (Hg.: Jean Guillaume), Paris, S. 91–106

Thoenes, Christof (1995), St. Peter 1534–1546. Sangallos Holzmodell und seine Vorstufen, in: *Architekturmodelle der Renaissance. Die Harmonie des Bauens von Alberti bis Michelangelo* (Hg.: Bernd Evers), München und New York, S. 101–109

Thoenes, Christof (1996), Antonio da Sangallos Peterskuppel, in: *Architectural Studies in Memory of Richard Krautheimer* (Hg.: Cecill L. Striker), Mainz, S. 163–167

Thoenes, Christof (1997), »Il Primo Tempio del Mondo«. Raffael, St. Peter und das Geld, in: *Radical Art History. Internationale Anthologie. Subject: O. K. Werckmeister* (Hg.: Wolfgang Kersten), Zürich, S. 450-458

Thoenes, Christof (1997), S. Pietro: Storia e Ricerca, in: L'Architettura della Basilica di San Pietro. Storia e Costruzione, in: *Quaderni dell'Istituto di Storia dell'Architettura*, Nr. 25-30, S. 17-30

Thoenes, Christof (1998), *Sostegno e adornamento. Saggi sull'architettura del Rinascimento: disegni, ordini, magnificenza* (Einl.: James S. Ackermann), Mailand

Thoenes, Christof (2000), *Renaissance St. Peter's*, im Druck.

Tronzo, William (1997), Il Tegurium di Bramante, in: *L'architettura della basilica di San Pietro, storia e costruzione. Atti del convegno internazionale di studi, Rom 7.-10. November 1995* (Hg.: Gianfranco Spagnesi), Rom, S. 161-166

Urban, Günter (1963), Zum Neubau-Projekt von St. Peter unter Papst Nikolaus V., in: *Festschrift für Harald Keller*, Darmstadt, S. 131-173

Vasari, Giorgio (1906), Le Vite de'più eccellenti Pittori Scultori ed Architettori (Hg. Gaetano Mianesi), 9 Bde., Florenz

Vasari, Giorgio (1910), Die Lebensbeschreibungen der berühmtesten Architekten, Bildhauer und Maler (Hg. u. Übers.: A. Gottschewski und G. Gronau), Bde. I-VII/2, Straßburg

Vasari, Giorgio (1962), *La Vita di Michelangelo nelle redazioni del 1550 e del 1565* (Hg.: Paola Barocchi), Mailand und Neapel, 2 Bde.

Vegio, Maffeo (1867), Commentarius de Basilica Sancti Petri, in: *Acta Sanctorum Iunii*, Bd. VII/2, S. 77-155

Vegio, Maffeo (1867), De rebus memorabilibus basilicae S. Petri Romae, in: *Acta Sanctorum Iunii*, Bd. VII/2, S. 56-76

Waldmann, Louis Alexander (1998), Nanni di Baccio Bigio at Santo Spirito, in: *Mitteilungen des Kunsthistorischen Institutes in Florenz*, Bd. XLII, Nr. 1, S. 198-204

Wallace, William E. (1987), »Dal disegno allo spazio«: Michelangelo's drawings for the fortifications of Florence, in: *Journal of the Society of Architectural Historians*, Bd. 46, S. 119-134

Warnke, Martin (1985), *Hofkünstler. Zur Vorgeschichte des modernen Künstlers*, Köln

Wazbinski, Zygmunt (1992), Il cardinale Francesco Maria del Monte e la fortuna del progetto buonarottiano per la basilica di San Pietro a Roma: 1604-1613, in: *An Architectural Progress in the Renaissance and Baroque, Essays in Architectural History Presented to Hellmut Hager on his Sixty-sixth Birthday*, The Pensylvania State University, S. 147-169

Weiss, Roberto (1965), The Medals of Pope Julius II (1503-1513), in: *Journal of the Warburg and Courtauld Institutes*, Bd. 28, S. 163-182

Wittkower, Rudolf (1949), Il terzo braccio del Bernini in Piazza di S. Pietro, in: *Bolletino d'Arte*, Bd XXXIV, 1949, S. 129-134

Wittkower, Rudolf (1968), Nanni di Baccio Bigio and Michelangelo, in: *Festschrift Ulrich Middeldorf* (Hg.: Antje Kosegarten und Peter Tigler), Berlin, S. 248-262

Zapperi, Roberto (1990), *Tizian. Paul III. und seine Enkel. Nepotismus und Staatsportrait*, Frankfurt am Main

PERSONENREGISTER

Alberti, Leon Battista   S. 22, 65; Anm. 20, 148
Alexander VII. (Fabio Chigi)   S. 116
Alfarano, Tiberio   S. 99–101; Anm. 267, 268
Arberino, Giovanni   S. 63
Archinto, Filippo   S. 63
Arrigone, Pompeo   S. 102, 106, 107; Anm. 302
Augustus, C. Octavius Caesar   S. 28

Baccio d'Agnolo   S. 64, 67
Baccio Bigio, Nanni di   S. 63, 67–69, 83, 84, 90; Anm. 158, 162, 219, 220, 224
Barberini, Maffeo   S. 107, 113
Baronio, Cesare   S. 51, 99, 102; Anm. 108, 275
Benedikt XIV. (Prospero Lambertini)   Anm. 137
Benintenti, Davide   Anm. 175, 176
Bernini, Gianlorenzo   S. 113, 115–120, 122
Bettini, Cesare   S. 69
Bonanni, Filippo   S. 51
Bonsignori, Bonsignore   S. 53
Borghini, Vincenzo   Anm. 214
Bramante, Donato   S. 25, 26, 28, 30, 31, 33, 38, 39, 41, 43–51, 53–55, 59–62, 66, 73, 76, 84–86, 92, 93, 95, 96, 102, 104, 109, 111, 112, 119; Anm. 32, 71, 72, 81, 82, 85, 89, 94, 98, 102, 126, 191, 192
Buonarotti, Leonardo   S. 79; Anm. 193, 201, 202, 207, 224
Buoninsegni, Domenico   Anm. 144
Caesar, Gaius Julius   S. 26, 28
Calcagni, Tiberio   S. 71
Caradosso, Cristoforo   S. 25, 35
Carracci, Annibale   Anm. 260
Cervini, Marcello   S. 71; Anm. 181
Cesi, Bartolomeo   S. 107
Ciarla, Simone   Anm. 121
Clemens VIII.   S. 93, 99, 101, 103
Condivi, Ascanio Cortesi   S. 18–20, 24, 39, 47, 64, 71; Anm. 14, 30, 69–73, 84, 90, 146, 176
Cortesi, Paolo   S. 49

Da Carpi, Rodolfo Pio   Anm. 149
De Alfonsis, Gian Battista   S. 71
De Grassis, Paris   S. 49
De' Massimi, Pietro   S. 63
Dei Conti, Sigismondo   S. 37

Del Riccio, Luigi   Anm. 75
Della Porta, Giacomo   S. 90–92, 101, Anm. 194
Della Porta, Guglielmo   S. 84, 90, 115; Anm. 10
Della Rovere, Bianca   S. 12
Della Rovere, Giuliano   S. 14–16, 28, 121; Anm. 32
Della Volpia, Bernardo   S. 41
Dupérac, Étienne   S. 73, 87, 89, 100, 104

Egidio da Viterbo   S. 25

Falda, Giovanni Battista   S. 118
Ferratino, Bartolomeo   S. 82; Anm. 147, 153, 191
Fontana, Giovanni   S. 101
Fra Giocondo   S. 30, 47; Anm. 48

Galilei, Galileo   Anm. 66
Giustiniani, Benedetto   S. 102
Gregor XIII. (Ugo Boncompagni)   S. 97
Greuter, Matthias   107, 110, 113; Anm. 309
Grimaldi, Giacomo   S. 90–92
Guarna, Andrea   S. 49, 51

Heemskerck, Marten van   S. 55–57, 95
Heinrich VII. von England   46

Innozenz X. (Giov. Battista Pamphilij)   S. 115–117

Julius I.   S. 28
Julius II.   S. 16–20, 24, 26, 28, 30, 35, 36 39, 40, 43, 46, 48, 49, 51, 59, 92, 104, 109, 111, 115, 119, 121; Anm. 37, 39, 86, 96, 126
Julius III.   S. 68

Konstantin der Große   S. 45, 111

Labacco, Antonio   S. 59, 60, 63, 78
Laurana, Luciano   Anm. 183
Leo X. (Giovanni de'Medici)   S. 51, 53, 55
Leo XI (Alessandro de'Medici)   S. 99
Ligorio, Pirro   S. 84, 86, 87, 89

Machiavelli, Niccolò   S. 121
Maderno, Carlo   S. 101, 104–107, 110–113, 116, 118, 120; Anm. 270, 305, 311, 327
Maffei, Raffaele   S. 50
Maggi, Paolo   S. 107

Malenotti, Sebastiano S. 69; Anm. 201
Manetti, Giannozzo S. 23; Anm. 23, 25
Maratta, Carlo S. 100
Medici, Cosimo I. de' S. 69, 79, 83; Anm. 218–220
Medici, Francesco de' Anm. 213, 226
Melozzo da Forlì S. 11, 12, 121
Michelangelo Buonarotti S. 9, 17, 18, 20, 21, 23–26, 28, 36, 39, 45, 47, 48, 63–73, 76, 78–84, 86, 87, 89–92, 99–101, 103–107, 109–113, 115, 116, 119, 120, 122; Anm. 2, 7, 8,10, 15, 27, 30, 69, 72, 75, 143, 144, 147, 149, 150, 153, 158, 159, 161, 174–177, 181, 191, 195, 198, 199, 202, 204, 206, 207, 210–212, 215, 216, 220, 243, 245, 247, 292, 302, 307, 312, 313, 318

Nagonius, Johannes Michael S. 28
Nero, Claudius Caesar Drusus Germanicus S. 36
Nikolaus V. (Tommaso Parentucelli) S. 21–25, 31, 36, 46; Anm. 18, 27

Pallavicino, Francesco S. 68
Pallotta, Giovanni Evangelista S. 102, 107
Panofsky S. 20
Panvinio, Onofrio S. 50, 51; Anbm. 104–107
Paul II. (Pietro Barbo) S. 24
Paul III (Alessandro Farnese) S. 58, 60, 62, 66–68, 70, 72, 73, 80, 90, 109, 115, 122; Anm. 10, 172, 182, 197
Paul IV. (Gian Pietro Caraffa) Anm. 224
Peruzzi, Baldassare S. 55, 56
Pius IV. (Giovan Angelo de'Medici) S. 70, 82, 84, 86, 89, 90
Pius V. (Antonio Ghisleri) S. 82, 84, 89
Platina, Bartolomeo S. 11
Poggio Bracciolino S. 22
Pollaiuolo, Antonio di Jacopo Benci S. 14, 121

Raffael, Sanzio S. 54–56, 62; Anm. 14, 121
Riario, Pietro S. 12
Rocchetti, Jacomo S. 17
Rughesi, Paolo S. 107
Rustici, Giovan Francesco Anm. 175, 176

Sangallo, Antonio da (Il Giovane) S. 54, 58–67, 69, 70, 72, 73, 76, 90, 95, 103, 104, 111; Anm. 132, 137, 138, 152, 154, 192, 312, 313
Sangallo, Giuliano da S. 30, 40
Santoro, Paolo Emilio S. 51, 102
Schumpeter Joseph Alois S. 123; Anm. 333
Serlio, Sebastiano S. 30, 43, 47, 55, 56; Anm. 77, 127
Serristori, Averardo Anm. 218, 219

Sixtus IV. (Francesco Della Rovere)   S. 11, 12, 14, 15, 18, 20, 21, 28, 36, 53, 92, 113, 115
Sixtus V. (Felice Peretti)   S. 28, 90, 92, 93, 109, 122; Anm. 245
Sylvester I.   21

Ughi, Giovan Francesco   Anm. 158, 159, 175, 176
Ugonio, Pompeo   S. 99; Anm. 262
Urban VIII. (Maffeo Barberini)   S. 107, 113–117

Vasari, Giorgio   S. 19, 38, 50, 55, 61, 62, 65, 69, 78, 79, 82, 84; Anm. 13, 14, 65, 67, 102, 144, 150, 169, 174, 181, 184, 195, 198, 199, 204, 206, 210–216, 224, 226, 227
Vegio, Maffeo   S. 22, 23; Anm. 21
Vignola, Jacopo Barozzi da   S. 84, 87, 89, 90, 92

HORST BREDEKAMP, geboren 1947, 1982 Professor für Kunstgeschichte an der Universität Hamburg, seit 1993 an der Humboldt-Universität zu Berlin. Er war Fellow der Institutes for Advanced Study in Princeton, Berlin (Wissenschaftskolleg), Los Angeles (Getty Center) und Budapest (Collegium Budapest).

VOM SELBEN AUTOR

HORST BREDEKAMP

Antikensehnsucht und Maschinenglauben
Die Geschichte der Kunstkammer und die Zukunft der Kunstgeschichte
Was hat die Bewunderung antiker Skulpturen mit der Faszination
von Maschinen zu tun?

»Bredekamps Anspruch gleicht dem eines Renaissancegelehrten im Zeitalter
hochspezialisierter Forschung. Seine bis zum Zerreißen gestraffte,
mit historischem Material prall gefüllte Studie beweist, wie souverän er ihm
selbst gerecht wird.«
ANTJE TERRAHE   Frankfurter Rundschau
WAT 361. *160 Seiten mit zahlreichen Abbildungen*

KLEINE KULTURWISSENSCHAFTLICHE BIBLIOTHEK
Eine Auswahl

PHILIPPE ARIÈS

Saint-Pierre oder Die Süße des Lebens
Wie schreibt man zugleich die Geschichte des bürgerlichen Frankreichs der letzten
hundert Jahre, die Geschichte seiner Familie und die des eigenen Lebens?
»Diese Schriften zeigen einen überraschenden, unbekannten Historiker. Er war ein
begnadeter Beobachter, mit einem stark entwickelten Sinn für das Differenzieren
und die Nunace.«
JÜRGEN ALTWEG   Frankfurter Allgemeine Zeitung
KKB 48. *Englische Broschur. 96 Seiten*

NATALIE ZEMON DAVIS

Lebensgänge
Glikl   Zwi Hirsch   Leone Modena   Martin Guerre   Ad me ipsum
Vier Essays über Lebensläufe aus der frühen Neuzeit, ihre Versuche der Befreiung
und ihre Einschränkung durch Religion und Gesellschaftsregeln.
Mit einem autobiographischen Bericht aus der Moderne: dem der Autorin.
»Davis' Studien sind in vielerlei Hinsicht interessant und aufschlußreich, und bei alledem ist es ein Vergnügen und ein Genuß, sie zu lesen.«
HERFRIED MÜNKLER, Süddeutsche Zeitung
Aus dem Amerikanischen von Wolfgang Kaiser
KKB 61. *128 Seiten*

FELIX GILBERT
Guicciardini, Machiavelli und die Geschichtsschreibung der italienischen Renaissance
Vier Studien über die Anfänge der europäischen Geschichtsschreibung von einem der besten Kenner der politischen Ideen im Italien der Renaissance.
Mit einer Einleitung von Hans R. Guggisberg.
Übersetzt von Matthias Fienbork und Friederike Hausmann
KKB 29. *Englische Broschur. 88 Seiten*

CARLO GINZBURG
Spurensicherung
Die Wissenschaft auf der Suche nach sich selbst
Die drei wichtigsten Aufsätze des »Querdenkers« unter den Historikern: Indizien als historische Methode, Mentalität und Ereignis, Kunst und soziales Gedächtnis.
Aus dem Italienischen von Gisela Bonz und Karl F. Hauber
KKB 50. *Englische Broschur. 112 Seiten mit Abbildungen*

FRANCIS HASKELL
Die schwere Geburt des Kunstbuchs
Dieses Buch erklärt eine der wichtigsten Zäsuren in der europäischen Kunstbetrachtung, die Entwicklung von Techniken zur Identifizierung und Zuschreibung von Kunstwerken.
»Francis Haskell hat aus weit verstreuten Quellen eine hochinteressante Geschichte zusammengetragen, die er mit der von ihm gewohnten immensen Fachkundigkeit und Klarheit vorträgt.«   J. G. LINKS, The Spectator
Aus dem Englischen von Matthias Fienbork
KKB 42. *Englische Broschur. 80 Seiten mit vielen Abbildungen*

MONA OZOUF
Das Pantheon
Freiheit, Gleichheit, Brüderlichkeit
Zwei französische Gedächtnisorte
Das Pantheon der großen Männer in Paris ist ein Ort, der nicht Göttern oder Königen offensteht, sondern Menschen, die sich durch ihre Tugenden ausgezeichnet haben – Tugenden, die auch an der Verwirklichung von Freiheit, Gleichheit und Brüderlichkeit gemessen wurden.
Aus dem Französischen von Hans Thill
KKB 56. *Englische Broschur. 96 Seiten mit vielen Abbildungen*

WOLFGANG ULLRICH
Uta von Naumburg
Eine deutsche Ikone
Die Naumburger Stifterfiguren: Vergessene Meisterwerke der frühen Gotik, die im zwanzigsten Jahrhundert plötzlich zur nationalen Ikone wurden – vor allem Uta wurde ein Opfer der weihevollen Sinnsucher. Wolfgang Ullrich beschreibt Gründe und Hintergründe dieser Verehrung.
KKB 59. *144 Seiten mit zahlreichen Abbildungen*

JEAN-PIERE VERNANT
Der maskierte Dionysos
Raum und Religion in der griechischen Antike
Jean-Pierre Vernant fragt, was es für einen Griechen der Antike bedeutet, er selbst zu sein, in Beziehung zu den anderen und in seinen eigenen Augen. Dazu untersucht er die mythische Architektur des politischen Raumes, die Identität und die Andersheit im Bewußtsein.
Mit einem Vorwort und aus dem französischen von Horst Günther
KKB 55. *Englische Broschur. 96 Seiten*

PAUL ZANKER
Eine Kunst für die Sinne
Zur Bilderwelt des Dionysos und der Aphrodite
Dionysos und Aphrodite als willkommene Gäste: über die Sinnenlust und den Reichtum der Kunst des Hellenismus.
KKB 62. *128 Seiten mit vielen Abbildungen*

Wenn Sie mehr über den Verlag und seine Bücher wissen möchten, schreiben Sie uns eine Postkarte. Wir schicken Ihnen gern die ZWIEBEL, unseren Westentaschenalmanach mit Lesetexten aus unseren Büchern, Photos und Nachrichten aus dem Verlagskontor.
Kostenlos, auf Lebenszeit!

Verlag Klaus Wagenbach Emser Straße 40/41 10719 Berlin

Horst Bredekamp
Sankt Peter in Rom
und das Prinzip der produktiven Zerstörung

erschien 2000 als Band 63 der Reihe
KLEINE KULTURWISSENSCHAFTLICHE BIBLIOTHEK

© 2000 Verlag Klaus Wagenbach, Emser Straße 40/41, 10719 Berlin
Umschlaggestaltung Groothuis & Consorten
Gesetzt aus der Walbaum Standard
von der Offizin Götz Gorissen, Berlin
Reproduktionen von City Repro, Berlin
Gedruckt auf chlor- und säurefreiem Papier
und gebunden von Clausen & Bosse, Leck.
Printed in Germany. Alle Rechte vorbehalten.
ISBN 3 8031 5163 5